KB232862

인생의 가을
중년기 가족교육

말씀과 만남의 정신

도서출판 말씀과만남은 그리스도인들과 세상 모든 사람들이
하나님의 말씀과 만나 그 생각이 새로워지고 그 삶이 풍성해지도록 돕고 있습니다.

The Malsseum & Mannam Publishing House is helping Christians and men in the world to
meet with God's Word so that they may have their spirits renewed and have an abundant life.

인생의 가을
중년기 가족교육

설 은 주 지음

1판 1쇄 / 2003. 7. 13
발행처 / 말씀과만남
발행인 / 최 헌 근
꾸민이 / 정희숙, 이신애, 박찬숙, 명희선
등록번호 / 제20-444호
등록일자 / 1991. 6. 19

138-220 서울특별시 송파구 잠실동 339-3
Tel : (02) 3273-8369, Fax : (02) 3273-8367
전자우편 : mmpress@hanmail.net

ISBN 89-7508-078-1
        89-7508-006-4(세트)

정가 : 5,500원

인생의 가을
중년기 가족교육

설은주 지음

말씀과만남

서 문

많은 중년들이 흔들리고 있습니다.

많은 분들이 중년기의 위기를 겪으면서 정체성의 혼란과 삶의 회의, 친밀한 관계의 상실로 인해 고통받고 있습니다. 그래서 외도를 하기도 하고 자신의 삶을 무의미하게 허송하기도 합니다.

중년기가 되면 지나가 버린 과거의 시간과 불확실한 미래 사이에서 남은 인생을 어떻게 살아야 할 것인가로 고심을 하게 됩니다. 그리고 걷잡을 수 없는 실망감, 초조감, 허탈감, 후회감의 감정을 갖게 됩니다.

중년기는 위기의 시기입니다. 하지만 위기란 위험과 기회 두 가지를 다 내포하듯이 오히려 중년기에 겪는 위기가 우리의 삶을 보다 풍요롭게, 성숙하게 인도해 주는 종교적, 영적 초대장이 될 수 있습니다. 중년의 위기를 창조적으로 활용하면 우울함과 허무함의 파괴성으로 연결되기 보다는 새롭게 자기를 발견하는 창조적 에너지로 바꿀 수 있습니다. 사실 중년기는 성격의 변화와 성숙, 통합을 이룰 수 있는 좋은 시기이며 계속적인 성장과 성숙을 이룰 수 있는 시기입니다.

중년기는 창조적인 경험과 사랑을 전수하는 시기이며 영혼을 위한 순례의 영성을 쌓는 의미있는 시기가 될 수 있습니다.

중년의 시기가 삶의 여정에 있어서 이렇게 중요함에도 불구하고 그 동안 한국 교회 안에서 중년을 위한 교육과 목회적 배려가 부족

했음을 안타깝게 생각합니다. 중년기를 잘 이끌어 주지 않으면 교회의 성숙을 기대할 수 없습니다.

왜냐하면 교회의 중추적 역할을 하시는 분들이 대개 중년기에 접어드신 분들이 많기 때문입니다. 중년의 삶을 잘 살지 못하면 노년기에 들어서 깊은 삶의 절망과 무의미의 늪속에 빠질 수 있습니다. 그러기에 교회는 중년들에게 깊은 목회적 관심을 가지고 그들의 삶이 보다 풍요롭고 성숙할 수 있도록 중년을 위한 영성 교육과 가정 사역을 감당해야 합니다. 그런 의미에서 교회의 중년들을 위한 작은 영성 교육 책자를 소개합니다.

이 책에서는 중년의 삶을 신앙 안에서 보다 의미있고 풍성한 삶이 될 수 있도록 그들에게 필요한 내용들 '중년기의 특성, 창조적이며 풍성한 부부관계, 건강한 중년기를 위한 삶의 내용들, 중년기의 영성 관리, 부부의 갈등 해결, 행복한 부모의 역할과 자녀 양육에 관한 구체적인 내용들' 을 다루고 있습니다.

이 책은 학문적인 주제 중심보다는 중년기에 겪는 직접적인 생활 문제를 중심으로 엮었습니다. 부디 이 책을 잘 활용하여 많은 중년들이 삶의 의미와 정체성을 회복하고 영적으로 성장하길 바랍니다. 그래서 삶이 하나님 안에서 열매맺는 삶이 되길 바랍니다.

이 책이 나오기까지 귀한 도움을 주신 분들이 많습니다.

특히 중년부부로서 많은 조언과 도움을 주신 김민섭 목사님, 한철원 권사님, 설봉수 집사님, 박정대 집사님, 안순기 전도사님, 노영욱 전도사님 부부께 깊은 감사를 드립니다.

설은주

차 례

I. 중년기 가족생활 교육의 이론적 기초

Ⅱ. 중년기 가족생활 교육의 실제

Ⅰ. 중년기 가족생활 교육의 이론적 기초

1 중년기 가족생활 교육의 필요성

오늘날 평균 수명의 연장으로 중년기, 노년기의 연령층이 늘어가고, 성인기의 각 단계가 연장되고 있다. 또한 자녀 수의 감소로 자녀 양육 기간이 짧아지고 부모 역할로부터 독립하는 나이도 빨라져 중년기가 장기화되는 현상이 나타나고 있다.

그래서 이에 따른 중년기 우울증 환자, 무기력 환자 등 중년기의 결혼관계를 어렵게 만드는 많은 요인들이 나타나고 있다. 또 중년기 이혼율이 증가하는 추세를 보이면서 최근에는 중년기 가족 문제가 크게 대두되고 있다.

대부분의 중년 연구학자들은 중년 시기를 여성은 35-60세, 남성은 40-60세까지라고 말한다.

인생의 많은 시간들이 중년기에 해당된다. 중년기가 인생 주기에 있어 매우 중요한 단계임에도 불구하고 그 동안 이 분야에 대한 활발하고 심도 있는 연구가 이루어지지 못했었다. 그러나 최근에 이르러 중년기에 대한 관심이 고조되고 있어 중년기 전반에 관한 활발한 논의가 이루어지고 있다.

중년기에는 여러가지 위기를 맞이하기 때문에 이에 대한 교육과 상담이 매우 필요하다. 가장 많이 흔들리는 시기가 중년 시기이다.

중년기는 인생의 후반전 — 인생의 가을 — 하프 타임을 보내는 가장 예민하고 실존적 위기를 겪는 시기이다.

사실 중년기는 자아에 대한 재평가가 이루어지는 시기이므로 많은 중년들이 지나가 버린 과거의 시간과 불확실한 미래 사이에서 남은 인생을 어떻게 살 것인가에 대해 심각한 고민을 하게 된다.

뜨거운 열정이 식어지고 지금까지 살아온 날들을 돌아보며 기존의 생활에 실망스러운 감정을 갖게 되고 정서적으로 혼란을 유발한다. 그래서 우울증과 불안감, 초조감, 허탈감, 후회감 등 감정의 독소적 에너지를 갖게 된다. 또한 중년기에 접어들면서 부부들은 각각 자신의 모습을 돌이켜 보고 지금 어디에 와 있는지, 또 어디로 가고 있는지에 대한 질문으로 고통과 회의와 혼란의 감정을 겪게 된다. 그러기에 이러한 위기와 반란을 겪고 있는 중년들에게 교회의 목회적 배려와 영혼의 돌봄이 매우 시급히 요청되고 있다.

사실 중년의 위기는 중년의 삶을 보다 풍요롭고 성숙하게 인도해주는 종교적, 영적 초대장이라고 볼 수 있다.

중년기는 개인의 인생에 있어서 제반 문제에 대한 독특하고 창조적인 접근 방법을 가능하게 하는 잠재 능력이 정점에 달하는 시기이다.

중년기는 성격의 변화, 통합, 성숙을 이룰 수 있는 좋은 기회의 시기이며 계속적인 성장과 성숙을 이룰 수 있는 시기이다.

또한 시간의 유한성과 인생의 의미에 대해 예민한 자각으로 종교에 관심을 갖게 되는 시기이기도 하다. 그러므로 발달 단계적인 위기를 성장의 기회로 삼고, 영적 차원을 중심으로 한 개인의 전 차원에서의 잠재력을 개발시키는 것이 매우 중요하다.

그리고 자기 자신과 부부생활을 돌아보며 재평가와 현재를 직시할 수 있는 기회를 제공해 주는 것이 매우 중요하다. 뿐만 아니라 자신과 부부의 잠재력과 가능성을 깨닫고 더 나은 방향으로 나아갈 수 있는 재도전의 기회를 제공해 주는 것이 중요하다.

중년기는 새로운 인생관과 가치관에 대하여 눈뜰 수 있는 중요한 시기이기에 교회는 변화해 가는 사회의 흐름과 가족 문제에 맞춰 중년기 가족생활 교육을 실시해야 한다.

중년기를 보람있게 잘 보낸 사람들은 그 다음 인생 단계인 노년기를 건강하고 풍성하게 보낼 수 있다.

인생의 가을과 겨울을 잘 준비하는 것은 후회없는 삶을 만들어 준다.

2 중년기 가족생활 교육의 목표

① 인간 발달 단계를 알고 중년기에 있는 자신을 발견하고, 자신
에 대한 긍정적인 자아상과 높은 자존감으로 자신을 사랑하고
배우자를 사랑하며 이웃을 사랑할 수 있는 방법을 습득하게
한다.

② 부부의 차이와 서로의 역할에 대해 알고 배우자에 대한 새로
운 인식과 행동 변화를 통해 부부관계를 증진시킨다.

③ 대화하는 기술을 익혀서 자기 노출과 적극적 경청으로 효과적
인 의사 소통을 하게 한다.

④ 건전한 부부 갈등 해결 기술을 익혀서 결혼생활의 만족도를
높이고 사랑하는 기술, 표현하는 기술을 습득하여 서로의 사
랑을 확인하며 유지하게 한다.

⑤ 건강하고 순기능적인 결혼생활을 위한 부부 건전성 및 잠재력
계발을 지원하여 부부관계를 향상시킬 수 있는 기회를 제공한
다.

⑥ 자기 노출을 통한 부부의 상호 이해, 수용 및 친밀감을 향상시
킨다.

⑦ 새로운 인생관과 가치관을 수립하여 영혼의 순례자로서 자기
발견과 함께 영적인 성숙을 돕는다.

⑧ 우리의 심층에 심겨진 하나님의 형상을 회복하여 왜곡된 자아
상을 치유하고 올바른 삶의 목적과 가치관을 정립한다.

⑨ 중년기의 발달 과업인 창조적이고 생산적인 삶의 스타일을 형
성하도록 도와 준다.

⑩ 사춘기의 자녀들을 이해하고 수용하여 부모-자녀간 갈등을
해결하도록 도와 준다.

⑪ 인생의 가을 - 중년기에 겪는 여러 가지 위기와 갈등들을 건
설적으로 해결하여 개인의 영적, 정신적 성숙을 위한 교육의
기회로 만든다.

3 중년기의 위기와 심리적 이해

중년기에 느끼는 위기는 주로 발달적 위기로써 자신의 외적인 변화를 감지하는 데서 시작된다.

중년기 위기라는 용어를 최초로 사용한 쟈크는 유한성에 대한 인식이 중년기 위기감의 주된 주제라고 말한다.

중년기에는 지금까지 느끼던 젊음이나 아름다움이 사라지고 시간의 연속성에 대한 착각이 사라져 자신감이 회의로 이어지면서 실망과 혼돈이 시작된다고 한다.

칼 융(Jung)은 인생의 전반기 동안에 강화된 자아가 자기로부터 떨어져 나가 정신의 불균형을 이룬 상태에서 생긴 혼란으로 보고 있다.

인생 여정에 있어 중년기의 인간은 새로운 기로에 서게 된다. 한쪽은 더 위대한 성숙을 향해 있고 다른 한쪽은 더 왜곡되고 찌들어져 버리는 양극성을 지니게 되는데 중년기는 그런 의미에서 조금 노력하면 성격의 변화, 성숙, 통합을 이룰 수 있는 기회가 될 수 있다.

중년기는 제2의 사춘기 또는 노부모와 자녀의 사이에서 협공 받는 샌드위치 세대로 표현하기도 한다.

중년기에 느끼는 위기를 살펴보면 다음과 같다.

- 심리적인 면 – 외적 세계로만 향하던 에너지가 자신의 내부로 향하게 되고 공허감을 느끼게 된다.

- 실존적인 면 – 인생의 유한성과 대결해야 된다.

- 사회적인 면 – 새로운 기회의 상실과 은퇴로 인한 소외감을 느낀다.

- 생물학적 면 – 건강과 체력 저하가 실감되면서 실존적인 위기 즉 죽음이 피부로 느껴진다.

- 가족적인 면 – 노부모와의 관계 변화, 자녀의 성장에 따른 변화, 부부의 역할 변화가 온다.

◑ 중년기의 심리적 이해

첫째, 중년기에는 성 역할의 역전 현상이 나타난다.

남자들은 직장에서 심각한 변화없이 심리적 고원 상태에 이르러 자녀나 가정생활에 관심을 돌리게 되는 반면, 여성은 자녀들이 성장함에 따라 훨씬 더 공격적이며 독립적이고 가정 외의 활동에 관심을 가지게 된다.

둘째, 시간의 유한성에 대한 예민한 자각과 함께 남은 생애를 보

다 현명하게 활용하고자 하는 욕구, 즉 자아 재평가가 시작된다. 이러한 현상은 40대 중반에 잠재되어 있던 자아가 표출되는 데서 시작된다.

셋째, 신체의 나약함을 새롭게 감지하게 된다.
청년기에 누려 왔던 최고 수준의 건강 상태를 갈망해 지나친 건강 염려증을 갖게 된다.

넷째, 시간 전망에 대한 변화가 일어난다.
인생의 마지막인 죽음에 대해서 생각하게 된다.
부모 세대가 아닌 자신의 친구가 암이나 심장병 등으로 사망하는 것을 보면서 예기치 않은 사고나 질병이 자신에게도 닥칠 수 있음을 알게 되어 당혹해 한다.

다섯째, 자기 직업에 수십 년간 종사하는 데서 오는 전문가로서의 자신감이 넘치는 시기라 자기중심성 경향이 일어난다.

중년기 여성의 가장 큰 위기 요인은 자아 정체감이다.
루빈(Rubin)에 의하면 여성은 아내, 어머니가 되기로 결심한 초기에 어느 정도 자아 정체감 위기를 해결하였다. 그러나 결혼 10년이 지나 중년기에 이르러서는 자기 실존에 대한 의문을 제기하게 된다.
그러나 남성은 성인 초기에 자율성과 독립성을 추구하여 직업 계획을 수립하였으므로 인생 주기가 진행됨에 따라 자아 정체감이 더 견고해진다.
중년 남성의 위기감은 연령 증가에 따른 부인의 남성성의 출현으로 심각해진다. 젊은 시절에는 자신의 여성성을 부인의 의존성에 대한 후원으로 해결하였으나 더 이상 여성이 복종적 역할을 하지 않는 데서 문제가 발생한다.

부인은 주도적, 공격적으로 변하기 때문에 남편은 자신의 여성성을 투사할 대상이 없어지게 된다. 이에 따라 외도나 신경성 질병, 알코올 등에 의존하는 현상이 일어나기도 한다.

중년의 위기감은 자존감이 낮을수록 높고, 부부 사이의 역할 분담이나 역할 공유가 융통성 있게 이루어지고 헌신이 이루어 질 때 위기감이 낮게 나타난다.

4 중년기 가족생활 교육의 구성과 내용

○ 프로그램의 구성과 내용

중년기 가족생활 교육은 사회의 변화에 맞게 가정의 조직을 발전시켜야 한다.

중년기 가족생활 교육의 궁극적인 목표는 중년기의 삶이 활력적이고 성장하는 부부관계가 되도록 돕는 것이다. 이러한 배경 하에 이 프로그램은 여섯 번의 만남으로 구성되어졌다. 이 프로그램의 목표는 중년기에 대한 지적 정보를 통해 삶에 통찰력을 갖고 변화에 적응하고 성장해 나가는 것이다.

- 실시 방법 – 본 프로그램은 토요일 오후나 평일 저녁에 2-3시간 정도를 소요하도록 구성되어졌다. 이 프로그램은 결혼생활을 신선하게 유지시키고 성장하려는 부부들을 위한 성장 프로그램이다. 프로그램을 구성할 때 다음과 같은 주제들을 언급하는 것이 중년기 부부들에게 유익한 도움을 줄 수 있다.

- 중년기 부부의 성 역할 – 칼 융은 중년기에는 자기 인식에 대한 개별화(individuation)가 이루어져야 하며 개별화는 진정한 자

아를 실현하는 것으로써 어느 누구도 아닌 진정한 자기 자신이 되는 것을 의미하며 무의식을 의식화하는 것이라고 했다. 그 동안 억눌려 온 남성 속의 여성성(anima)과 여성 속의 남성성(animus)을 의식화 시켜 서로의 성을 이해하고 양성적인 인성을 개발시켜 나갈 때 중년기 부부관계를 잘 유지시킬 수 있다.

- **중년기 부부의 성** – 성생활을 통한 부부 상호간의 만족은 역동적인 부부 친밀감 유지와 건강한 결혼생활 유지의 중요한 요인이 되고 있다. 성생활에 대한 태도가 긍정적이고 적극적일 때 건강한 결혼생활을 유지할 수 있다. 그러나 중년기 부부의 성은 성생활의 횟수보다는 질에 초점을 두고 동반자적 관계에 중점을 두어야 한다.

- **절정 경험** – 중년기의 생활은 대체로 무감각하고 단조롭기 때문에 초월적인 순간이 필요하다. 매슬로우(Maslow)는 우리가 성장을 해나가는 방법으로 이 절정 경험에 대해 신비적인 순간이 개인 속에 개인 사이에 개인과 세계 사이에 있는 균형들의 통합체라고 보았다. 이 영적인 경험은 중년기의 가속화되는 상실을 건설적으로 처리해 나가기 위한 무한한 가치의 자원이다. 나의 존재는 미미하지만 한 차원 높은 확장된 삶의 한 부분으로 정신적인 성숙을 위한 단계로 나아가게 한다.

- **중년기의 부모 역할** – 중년기의 영역에서 부모의 역할만큼 중요한 영역은 없다. 중년기는 아직 완전히 독립하지 못한 아이들의 요구와 부모 사이에서 샌드위치가 되어 협공 당하는 시기이

다. 그러기에 중년기는 노인 부모들이 안정과 배려 가운데 노후를 감사와 보람과 후손들의 성장에 기쁨을 누리면서 살 수 있도록 정신적, 물질적으로 섬김을, 자라나는 세대들에게는 꿈과 희망과 모델이 되어 주어야 한다. 중년기에 주어진 중요한 임무는 세대적인 임무를 잘 수행하여 가치와 삶이 뚜렷한 윤리적인 모델로 사는 것이다. 그리고 부모가 성장하는 자녀에게 가장 좋은 부모 역할은 성숙한 부부관계를 보여 주는 것이다. 성숙한 중년으로서 가져야 할 자세는 생산자, 변형자, 구조자, 치유자로서의 역할이라고 볼 수 있다.

◎ 중년기 가족생활 교육의 프로그램 구성

횟수	교육 목표	학습 주제	활동 내용
1	중년기의 위기와 특성들을 이해하고 발달 단계를 알아 성장의 욕구를 가지게 한다.	'중년기 삶의 이해' 부부 성장 방법	부부 소개하기 질문지 완성하기
2	중년기 부부의 역할과 변화를 이해하고 부부 향상 기술을 발전 시킨다.	'활기있고 성장하는 부부관계'	결혼 만족도 검사 가정의 현실 진단하기 IMM 점검
3	중년기의 건강한 삶을 위해 성인병에 대한 이해를 돕고 부부의 성을 풍요롭게 한다.	'중년기 건강과 성 생활'	결혼생활 성장 측정 검사
4	자신의 삶의 스타일을 점검하고 성숙한 영성을 계발한다.	'규모있는 삶과 중년기의 영성 관리'	'규모있는 삶과 중년기의 영성 관리'
5	부부 갈등의 요인과 해결 방법을 안다.	'부부의 갈등 해결'	
6	가족 체계를 이해하고 부모 역할의 변화를 수용한다.	'가족 구조와 중년기 부모 역할'	부부의 생활 방식 체크하기·의사 소통 점검 가족 건강도 영향력 점검

Ⅱ. 중년기 가족생활 교육의 실제

1 아름다운 삶의 전환점 – 중년기

1. 공동 식사 및 친교

2. 찬양 부르기

3. 오리엔테이션

① 두분이 중년을 위한 부부 성장 교실에 오시게 된 것을 환영합
니다. 이번 기간 동안 하나님께서 짝지어 주신 배우자로서
첫사랑의 감격을 회복하는 기회가 되시기 바랍니다.

② 오늘부터 6주 동안 풍성한 중년기를 위한 가족생활 교육이
실시됩니다. 은혜롭고 유익한 교육이 될 수 있도록 협조해 주
시기 바랍니다.

③ 그룹 내에서 열린 주제로 대화하시고 좋은 친구를 만드는 기
회가 되시기를 바랍니다.

④ 이 중년기 부부 성장 교실의 목표는 중년의 상황을 정직하게
직면하여 이해하는 것과 변화를 수용하고 성장하도록 하는데
있습니다. 다소 거부감이 드는 항목이라도 대면하고자 하는

자세로 임하여 부부관계가 성장하기를 바랍니다.

4. 부부 소개

결혼 경력, 부부의 사는 모습, 살아오면서 느낀 점, 자녀 소개 등으로 부부를 소개한다.

5. 워크샵

(1) 부부가 함께 이야기를 나누세요.

① 거울 앞에서 서 있다고 가정하고 당신의 얼굴을 들여다본다면 무엇을 생각하게 됩니까? 그리고 무엇을 느끼십니까?

② 당신은 자신이 중년이라고 생각하십니까? 그 이유는 무엇입니까? (나이 때문에, 육체적 변화 때문에 아니면 심리적인 변화 때문에 …)

③ 당신이 실감하고 있는 육체적인 변화, 심리적인 변화에는 어떠한 것들이 있는지 구체적으로 생각해 보세요.

④ 그 동안 내 아내의 얼굴 또는 내 남편의 얼굴을 한 번이라도 마음 깊은 사랑을 가지고 본 적이 있습니까?

⑤ 부부가 함께 있을 시간을 마련하여 마음을 주고받을 수 있는

대화를 나누는 것이 참으로 필요합니다. 하루의 몇 시간을 부부 대화에 할애합니까? 일주일을 통해서 어느 정도의 시간을 할애합니까?

⑥ 당신 부부가 함께 있을 시간이나 대화를 나누는데 방해되는 요소는 무엇입니까? 함께 나열해 보고 적어 보세요.

⑦ 지난날을 돌아보며 남편에 대하여 아내에 대하여 느꼈던 감격의 순간, 고마웠던 순간들을 글로 써 보세요.

⑧ 당신 부부가 처음 만났던 순간을 기억합니까? 조용히 눈을 감고 그때 그 순간 아름다웠던 장면들을 머릿속에 그려보십시오. 그리고 그때의 느낌과 소망을 다시 한번 이 시간 글로 써 보세요.

⑨ 여러분은 자신의 죽음에 대하여 생각해 본 적이 있습니까? 지금 남편이 또는 아내가 불치의 병으로 하루하루 내 곁을 떠나가고 있다고 가정해 보십시오. 그 장면을 상상하면서 마지막으로 전하고 싶은 말을 배우자에게 표현해 보세요. 그리고 자신의 죽음에 대해 상상하면서 남기고 싶은 말을 써 보세요.

⑩ 남편이 또는 아내가 내 곁에 있다는 사실에 마음 속 깊은 곳으로부터 감사가 나옵니까? 남편의 존재에 대한(아내에 대한) 감격을 서로 전하십시오.

6. 중년기의 이해

인간의 평균 수명이 40을 넘지 못하던 시대에는 사람들이 중년이나 노년에 대해서 관심이 없었다. 그러나 현대는 평균 수명이 70을 넘어가면서 중년의 기간이 인생에서 차지하는 비율이 높아지고 있다.

(1) 중년기의 발달 과제

에릭슨은 그의 심리 사회 발달 이론 8단계 중 7단계인 생산성 대 침체성을 중년기의 발달 과제로 보았는데 이 시기의 발달 과업을 다음과 같이 제시한다.

① 자라나는 자녀, 장성한 자녀가 사회적으로 성숙하도록 책임감을 갖도록 도와 주는 것
② 배우자와의 새로운 만족을 증진시켜 주는 것
③ 즐겁고 안락한 가정을 창조해 내는 것
④ 사회적 시민 활동을 증진시키는 것
⑤ 새로운 직업이나 일을 찾고 만족을 얻을 수 있는 일을 찾는 것
⑥ 증가된 여가 시간을 생산적으로 사용하고 만족스럽게 만드는 것
⑦ 중년의 신체적, 인지적 변화에 적응하고 수용하는 것

해비거스트는 인생 주기 6단계 중 중년기를 5단계로 보았으며

사회에 대한 그들의 영향력이 최고에 달하고 사회 역시 그들에게 최고의 요구를 하는 시기로 보았다. 이 시기에 요구되는 발달 과제들은 다음과 같다.

① 십대의 자녀를 책임감 있고 행복한 성인이 되도록 도와 주는 일
② 성인으로서 시민적, 사회적 책임감을 수행하는 일
③ 만족할 만한 경제적 생활 수준을 이룩하고 유지시키는 일
④ 여가 활동을 개발하는 일
⑤ 배우자와 한 인간으로서 관계를 맺는 일
⑥ 중년기의 사회 심리적 변화에 대한 적응과 수용
⑦ 노부모에게 적응하는 일

칼 융(C. G Jung)은 인생의 전반기는(아동기, 청년기, 성인 초기) 외부세계로 에너지가 향하게 되고 후반기는 이 생명 에너지가 내부로 향하게 되어 정신적인 가치와 영적인 가치를 추구하게 된다고 한다. 그러나 상당수의 사람들이 물질적인 세계로의 에너지 흐름을 영적인 세계로 전환하지 못하여 위기를 맞게 된다.

(2) 중년기의 특성

1) 자아 평가

레빈슨(Levinson)은 중년기를 자기 자신에 대한 자아 평가와 자아 비난의 시기로 보았다. 자신을 뒤돌아보며 그 동안 쏟아 왔던

정열과 정성에 대하여 재평가를 시도하게 되는데 나는 과연 누구인가? 그 동안 무엇을 해왔나? 인생의 목표와 꿈은 어디에 있는 것인가? 결혼생활은 어떠했나? 등의 질문을 제기하게 된다.

나이 먹는 것에 대한 아쉬움과 자신에 대한 갈등과 혼돈, 심리적 허탈감 등은 자아 정체감의 위기를 가져 오며 부부관계와 자녀관계에서도 위기를 가져 온다.

중년기의 남성들은 자신의 재질과 기량을 발휘하여 자기 성취로 인한 만족감이 최고 정점에 이르게 되는 반면, 아내들은 자녀의 성장으로 나타나는 심리적 허탈감, 신체적 무력감이 최하의 수준에 있게 된다. 이때는 남편과 아내사이에 친밀감이 결여되기도 한다.

2) 중년기 부부의 성

성생활을 통한 부부관계의 상호 작용은 건강한 결혼생활에 중요한 요소이다. 남성의 성에 대한 절정은 10대와 20대 초반인데 비해 여성은 30대 후반에서 40대 초반이라고 한다. 이러한 차이로 여성은 나이가 들면서 성에 눈뜨게 되고 심리적인 해방감과 임신의 두려움에서 해방되어 더욱 적극적인 자세와 기술적인 측면의 발전을 보인다고 한다.

성생활은 그 횟수보다는 성생활의 질에 초점을 두고 정신적 관계가 우선시 되어야 한다. 즉 사랑이 있는 성행위가 이루어져야 한다.

3) 시간 전망에 따른 변화

인간은 45세를 전후하여 자기의 인생을 보는 관점이 달라지게 된다. 이 연령에 이르면 일생의 마지막 죽음에 대하여 진지한 개념을 형성하게 된다. 살아온 날보다 살아갈 날이 더 짧다는 것에 아쉬움을 느낀다.

4) 유한성에 직면

부모 세대의 노인이 아닌 동세대 자신의 친구가 암이나 심장병 등으로 사망하는 것을 경험하면서 죽음에 대한 현실성을 인식하고 자신의 죽음에 대한 필연성과 현실에 직면하여 당혹감과 고통에 빠진다.

5) 중심성 경향

직업을 가진 중년들은 자신의 분야에서 최고의 자신감이 넘치는 시기이다. 그 직업이 기능공이든 의사와 같은 전문직이든 이미 자기 직업에 수십 년간 종사했으므로 전문가 의식을 가지는 중심성 경향이 일어난다.

(3) 중년기 위기의 증상

1) 실존적 공허

중년기가 되면 뚜렷한 이유 없이 가슴에 큰 구멍이 뚫린 듯 하고 회오리바람이 일기 시작한다. 융에 따르면 중년기의 위기는 영적인 위기라고 한다. 영적인 의미(가치)가 채워져야 한다.

중년기는 미처 준비하지 못한 젊은이들이나 무엇인가로 채워진 노인들에 비해 훨씬 쉽게 영적인 의미를 받아들인다.

수없이 많은 중년기의 사람들이 영적 양식을 갈구하는 자신의 무의식적 욕구를 모르기 때문에, 적절한 시기에 자신들의 영적인 필요를 충족시키지 못하고 엉뚱한 데서 만족을 구하다가 타락으로 빠져들기도 한다(술, 외도, 도박, 춤 … 등).

2) 젊음의 상실

중년기는 사라져 버린 젊음을 다시 찾아보려는 환상에 사로잡혀 있는 사람들이다. 그래서 남녀 모두 멋진 연애나 외도를 꿈꾸어 보기도 한다. 이런 환상은 대부분 백일몽으로 끝나 버리지만 간혹 40대나 50대 남성들의 외도로 나타나기도 한다.

3) 과거와 미래에 관한 끊임없는 질문

자신이 세운 목표가 얼마나 성취되었는가, 가치가 있었는가 하는 인생에 대한 재평가를 한다. 중년기에 대해 자신의 상황과 자신을 되돌아보면서 다음과 같은 4가지의 감정을 경험한다.

첫 번째, 나는 실패자다. 이런 사람들은 인생은 그렇고 그런 것이다라고 체념하며 실패감으로부터 도피하려 한다(술, 자살).

두 번째, 무엇인가 미래에 획기적인 사건이 일어날 것을 기대하여 아직 실패 성공을 결정지으려고 하지 않는다.

세 번째, 나는 어느 정도 성공했다고 느끼는 사람들은 상당히 만
족감을 느끼며 자신의 인생 목표를 현실에 맞게 수정할
수 있기 때문에 비교적 행복하게 살아갈 수 있는 사람들
이다.

네 번째, 나는 완전히 성공했다고 느끼는 사람들도 쉽게 불행으
로 떨어질 가능성을 가진 사람이다. 성숙한 인격을 가진
사람은 완전히 성공했다고 생각하지 않는다.

4) 죄책감

중년기에는 자기의 지나온 날을 되돌아보면서 어느 정도의 죄책
감을 느끼는 것이 보통이다.

자신이 가족에게 너무 무관심했던 것에 대해서 실패했다고 생각
하는 사람은 그 나름대로 과거의 실수에 대해 후회를 하게 된다.

구체적으로 잘못한 일에 대한 죄책감은 고백과 보상과 용서를 통
해서 해결될 수 있지만 자신의 꿈대로 삶을 살지 못했을 때 느껴지
는 죄책감은 그렇게 쉽게 사라지지 않는다.

특히 자녀들이 부모의 마음대로 되어 주지 않을 때 느끼는 실패
감이나 죄책감은 매우 크다.

5) 우울증

위에서 말한 죄책감이 있을 때 우울증은 서서히 뿌리를 내리기
시작한다.

자기 자신에 대한 분노는 자신감과 영적 기능에 장애를 가져다 준다. 우울증은 주로 분노가 자기 안으로 향할 때 일어나는 증상으로 자신에 대한 신뢰를 상실했을 때 일어난다. 특히 자신과 삶에 대해서 확신감이 사라졌을 때 무력감의 수렁에 빠져들게 되고 자신이 전혀 쓸모 없는 존재가 되어 버린 것과 같은 좌절감을 경험하는데 이것을 해결하기 위해서 자기 자신에 대한 확신과 역할을 찾아내야 한다.

(4) 중년기 위기에 대한 전형적인 반응

- 왠지 모르게 자꾸만 불안한 마음이 생긴다.
- 좌절감을 느낀다.
- 장래에 대한 염려와 걱정이 생긴다.
- 목적이나 방향의 상실감을 갖는다.
- 고립감 – 자신에게 관심을 갖고 돌보아 주며 도와 줄 사람이 아무도 없고 홀로 있다는 느낌을 갖는다.
- 자신이 무가치하다는 느낌을 갖는다.
- 덫에 걸려 있다는 느낌을 갖는다.
- 성적인 유혹을 느낀다.
- 경제적 문제에 대한 두려움을 갖는다.
- 새로운 변화 및 시도에 대한 두려움을 갖는다.
- 피로와 권태를 느낀다.
- 자기 연민의 감정을 갖는다. – 나는 부당한 취급을 받고 있다, 또한 사람들이 나를 이해하지 못한다고 생각한다.

- 안절부절의 반응을 보인다.
- 포기하고 싶은 생각 – 현재 자신이 하고 있는 일, 다니고 있는 직장, 결혼생활 등 모든 것을 그만두고 싶은 유혹을 강하게 받는다.
- 침체 – 말로는 설명할 수 없는 공허하고 푹 꺼져 있는 듯한 느낌을 갖는다.
- 삶에 대한 의욕 상실
- 쓴 뿌리의 감정 – 다른 사람이나 환경에 대하여 분노한다.
- 절망감 – 내가 무엇을 할지라도 그 상황은 개선되지 않을 것이라는 느낌을 갖는다.
- 쉽게 감정을 드러낸다.
- 아무런 이유없이 갑자기 눈물을 흘린다.

(5) 활기찬 중년기를 위한 훈련

1) 잠재력을 개발한다.

중년기는 성숙성이 발달 과제이다. 이것은 다음 세대를 위한 관심과 돌봄의 책임이 구체적으로 요구되는 덕목이다.

에릭 에릭슨은 이 시기에 이것이 원활하게 나타나지 않는 개인은 이기적으로 자신만을 생각하는 침체성에 빠지게 된다고 보았다.

중년기의 삶은 이 성숙성을 살려서 남을 돌보는 나눔으로 나타날 때 건강한 삶이 가능하다. 자원 봉사를 통해 중년기의 성숙성을 활용하는 것도 좋은 방법이다.

2) 의미 있는 인간관계를 발전시킨다.

① **부부관계** – 중년기는 성장한 자녀들이 부모의 곁을 떠나게 됨으로 부모 역할 책임에서 벗어나 제2의 신혼기를 맞이하게 된다. 한국 남자들은 전통적으로 아내에게 거의 애정을 표시하지 않아 아내들의 욕구를 채워 주지 못한다. 또한 갈등의 수용에도 서툴러서 중년기 부부의 모습은 앙금이 많이 가라앉은 호수와도 같다. 최근 중년기 이후의 이혼율이 급증하는 것은 이러한 요인에 기인한다. 무관심과 침묵의 숨막히는 권태감, 누적된 불만의 축적, 상대방의 행동이나 사건보다 인격을 공격하는 언어 형태, 서로 다른 관심과 목표는 더 이상 결혼생활을 유지시켜야 하는 명분이나 이유를 사라지게 만든다. 그러므로 부부관계를 강화시키고 성장시켜야 한다. 부부관계를 강화시키기 위한 방법은 자신의 느낌에 정직한 대화를 나누는 것, 상대방의 욕구가 무엇인지 배려하고 경청해 주는 것, 심리적으로 의존하기보다는 개인의 독립성, 함께 즐길 수 있는 일이나 놀이를 개발시키는 것으로 이러한 요소는 부부관계를 활력 있게 만들어 준다.

② **부모관계** – 효는 한국인의 전통적인 아름다운 모습이다. 중년기의 성숙성의 에너지는 아래 세대만을 위한 것이 아니라 윗세대들에게도 향한다. 최근의 연구에서 중년기 자녀들이 부모에게 효를 행하는 것은 부모에 대한 사랑과 애정으로 나타나 효의 동기가 도덕적이고 의무적이기보다는 자발적인 것

으로 부모에 대한 애정과 존경에 근거한다. 이 시기의 자녀들은 부모들의 인생 전체에 대한 객관적인 이해와 연민의 정을 가지고 있기 때문에 부모의 부정적인 면도 수용하는 능력을 갖게 된다.

③ **자녀관계** – 중년기의 부모들은 청소년 또는 결혼한 자녀와 관계를 맺으며 살게 된다. 한국인들은 세계 어느 민족보다도 자녀교육을 위해 땀 흘리고 희생적으로 살아 왔기 때문에, 자녀들을 통해 이루지 못한 꿈의 성취를 이루고 자녀의 성공을 통해 보상받고 싶은 심리가 깊숙하게 자리잡고 있다. 그러나 청소년기의 부모의 자세는 자기 발견을 놓고 고민하는 자녀들을 위해 기도하고, 친밀한 대화를 통해 하나님을 만나며 자기 정체성을 굳건히 하도록 도와 주어야 한다. 그리고 바른 목표를 설정하게 하는 일, 정직한 삶의 자세를 가지고 모범을 보이는 일, 자녀의 신앙이 개인적이고 인격적인 것으로 구원의 확신을 갖도록 해주어야 한다.

감정의 변화가 극심한 자녀들이지만 자녀를 신뢰하고 진실과 사랑으로 나아가면, 자존감을 높여 주며 인생을 행복하게 살 수 있는 토대를 마련해 주게 된다.

그들과 함께 대화하고 문화를 공유하고 이해할 수 있는 노력이 필요하다.

중년 후기에 이르러 자녀가 결혼할 시기에는 과감하게 심리적으로나 물리적으로 떠나 보내는 자세가 필요하다. 성경은 새로운 가정을 위해 부모에게서 떠날 것을 요구하신다.

결혼과 더불어 부모와의 관계가 독립적으로 변해야 한다.

④ **대인관계** – 중년의 성숙성의 과제는 다른 사람들과 원활한 관계를 맺는 시기이다. 남성들은 친구관계가 경쟁과 우월이라는 자기 확장의 욕구가 많고 여성들은 친밀감을 강조하는 욕구가 더 많다. 그러나 공통되는 현상은 모두 친밀함의 욕구, 자신의 삶의 여정을 함께 나눌 수 있는 대상을 찾는다.

중년기까지 자신의 삶을 성실하게 살아온 사람들은 경제적으로 안정된 상태에 있으므로 친구를 만나는 일은 그리 어려운 일이 아니다. 동반자적 관계를 형성할 친구들을 가질 필요가 있다. 교회의 여 선교회나 권사회, 구역회 등은 이러한 유대관계를 맺는 일에 매우 유용하다. 지역사회의 자원 봉사를 통해서도 친구 만들기는 가능하다.

♣ 활기찬 중년기를 보내기 위한 10가지 전략

① 내가 가지고 있는 자원과 가능성을 발견하고 활용한다.

② 명확한 목표를 세우고 계획을 이용한다.

③ 나 자신의 내면의 소리를 듣고 나의 내면을 풍요하게 한다.

④ 부부로서 공유하고 있는 가치를 명확하게 한다.

⑤ 나를 인정해 주고 사랑해 주며 염려해 주는 친구나 이웃을 만든다.

⑥ 흥미를 느끼는 일을 발견하고 실행한다.

⑦ 에너지를 낭비하는 분노, 죄의식, 슬픔의 짐을 버린다.

⑧ 과거나 미래보다 현재에 더욱 충실한다.

⑨ 놀이 방식을 다양화시킨다.

⑩ 육체를 건강하게 유지한다.

(6) 중년기 결혼생활의 발전을 위한 제안

- 서로의 한계와 결점까지도 있는 그대로 받아들인다.
- 매일 적어도 5분 이상의 대화를 나누기로 약속하고 실천한다.
- 적어도 일주일에 두 번은 둘만의 시간을 갖는다(기도, 산책 …).
- 하나님과 서로에게 헌신한다(하나님과 친밀하게 동행하는 삶을 통한 성장).
- 쓴 뿌리와 투기로부터 자기 자신을 지킨다(부부의 지나간 상처를 들춰 내지 않는다).
- 배우자의 목표와 필요에 대해서 알고 발전을 위해 격려한다.

(7) 눈 맞추기

이제까지 아내나 남편의 눈을 잘 들여다본 적이 있는가?

배우자의 눈을 조용히 5분간 들여다보고 자신의 느낌을 이야기하게 한다.

♣ 사랑은 결심입니다.

사랑은 결심입니다. 나는 어떤 사랑의 행동을 심고 있습니까? 그것은 바로 나 자신의 결심에 달려 있습니다.

무엇보다 시간을 내는 것이 필요합니다. 사랑이란 쌓아 올려지는 성벽과 같습니다.

일하기 위해 시간을 내라, 그것은 성공의 어머니다.

생각하기 위해 시간을 내라, 그것은 능력의 근원이다.

운동하기 위해 시간을 내라, 그것은 젊음을 유지하는 비결이다.

독서하기 위해 시간을 내라, 그것은 지혜의 원천이다.

친절하기 위해 시간을 내라, 그것은 행복으로 가는 길이다.

꿈을 꾸기 위해 시간을 내라, 그것은 대망을 품는 일이다.

사랑하고 사랑을 받는데 시간을 내라, 그것은 구원 받은 자의 특권이다.

주위를 살펴보는데 시간을 내라, 이기적으로 살기에는 너무 짧은 하루이다.

웃기 위해 시간을 내라, 그것은 영혼의 음악이다.

하나님을 위해 시간을 내라, 그것은 영혼의 음악이다.

- 아일랜드 민요시 -

중년기에 들어선 부부들은 여러 가지 향상 시켜야 할 부분들이 있다. 하지만 그 모든 것의 시작은 부부간의 사랑으로 시작된다. 사랑은 모든 것의 힘이 되기 때문이다. 이제 사랑의 힘을 느끼게 하여 윤택한 부부관계를 위해 사랑의 결심을 하도록 하자.

예) • 아내를 위해 (대화하는) 시간을 내리라, 그것은 (막힌 담을 헐어주기 때문이다.)

• 아내를 위해 (사랑을 표현해 주는) 시간을 내리라, 그것은 (생명을 나눠 주는 일이니까.)

- 아내(남편)를 위해 (　　　　) 시간을 내리라, 그것은 (　　　　)
- 아내(남편)를 위해 (　　　　) 시간을 내리라, 그것은 (　　　　)
- 아내(남편)를 위해 (　　　　) 시간을 내리라, 그것은 (　　　　)
- 아내(남편)를 위해 (　　　　) 시간을 내리라, 그것은 (　　　　)
- 아내(남편)를 위해 (　　　　) 시간을 내리라, 그것은 (　　　　)
- 아내(남편)를 위해 (　　　　) 시간을 내리라, 그것은 (　　　　)
- 아내(남편)를 위해 (　　　　) 시간을 내리라, 그것은 (　　　　)
- 아내(남편)를 위해 (　　　　) 시간을 내리라, 그것은 (　　　　)
- 아내(남편)를 위해 (　　　　) 시간을 내리라, 그것은 (　　　　)
- 아내(남편)를 위해 (　　　　) 시간을 내리라, 그것은 (　　　　)

7. 말씀의 적용과 삶의 나눔

(1) 시편 102편을 중심으로 중년기의 위기 심리에 대해서 찾아
　보자.

① 인생의 허무함에 대한 증언(3절) :

....

② 심리적, 신체적인 좌절감(4절) :

....

③ 육체적인 고통(5절) :

④ 생에 대한 회의(6-7절) :

⑤ 인간관계의 상처(8절) :

⑥ 삶에 대한 낭패(10절) :

⑦ 삶에 대한 비전 상실(11절) :

⑧ 죽음에 대한 두려움(23-24절) :

⑨ 중년의 외로움, 공허함(렘 17:1) :

(2) 히스기야는 중년의 죽음의 위기 앞에서 그 상황을 어떻게 대
처하고 있는가? (사 38:14-17)

① 긍휼을 간구(사 38:14) :

② 겸손한 고백(15-16절) :

③ 신뢰의 회복(17절) :

(3) 히스기야의 고백이 나에게 주는 의미는 무엇인가?

(4) 나의 중년기의 모습을 정리해 보자.

(5) 부부가 중년기를 아름답게 보내기 위해 기도 제목 2가지를
만들어 함께 기도한다.

♣ 과제 나눔

자신의 중년기 위기감을 함께 나누기 위해 변화되어 가는 자신의
모습과 자신이 원하는 모습으로 어떻게 변화시킬 수 있는지 적어
온다.

8. 함께 드리는 기도

중년기의 외로움을 느낄 때

외롭습니다 – 견디기 힘들 만큼
이 외로움에서 벗어날 수 있다면!

이 뼈를 스미는 공허
손을 뻗어 누군가를 어루만지고
누군가의 부드러운 손에 어루만져지기를 바라는 염원

저는 압니다
이 순간을 마주해야 한다는 것을
아무도 나의 잔을 대신 채울 수 없다는 것을
그러나 고통스럽습니다, 때로 전율하리 만큼

완전히 혼자라고 느껴지는 날들이 있습니다
홀로 외로이 진저리쳐야 하는 밤들이 있습니다

일에 몰두하며 외로움을 잊으려 합니다
쾌락을 붙좇으며 외로움을 잊으려 합니다
소음 속에 자신을 내맡겨 보기도 합니다
누군가를 만납니다 – 누군가의 관심을 얻고자
안 그런 척, 억지 웃음을 지어 봅니다
그러나 고통은 가시지 않습니다
공허의 시간은 서성거리고, 더 큰 공허가 밀려옵니다
제 마음은 갈증으로 타들어 갑니다

저는 마치 불모의 황무지처럼 느껴집니다
누군가에게 무언가 줄 것도 받을 것도
아무 의미도 발견할 수 없습니다

저를 도와 주십시오
이 사막에서 빠져 나올 수 있도록
저는 길을 알지 못하는 까닭입니다
저는 신기루를 쫓아 미로를 헤매었습니다
매번 속으면서도
또다른 거짓 오아시스를 쫓아 달음질하였습니다

도와 주십시오
저 자신을 꿰뚫어 볼 수 있도록
보여 주십시오
제게 필요한 것이 진정 무엇인지
어떻게 그것을 지닐 수 있는지를
당신이 어디에 숨어 저를 기다리고 계시는지를
제게 보여 주십시오
그러면 그것으로 제게 족하리이다

당신이 제게 먹을 것을 주시고 마실 것을 주시니
저는 이제
주림과 목마름으로 방황하지 않으오리다
당신은 저를 소중하게 지으셨습니다
세상을 붙좇기에는 너무나 고귀하고
보잘것없는 소품으로 채우기에는 너무나 심원하게

저의 이 빈 가슴을
당신만이 채울 수 있는 어떤 것으로 채워 주십시오
당신만이 말할 수 있는 언어로
저의 외로운 마음에 말을 건네 주십시오

침묵 속에서
당신 앞에 기다립니다
여기 저의 작고 찌그러진
빈 바구니가 있습니다
넘치도록 채워 주십시오
당신만이 채울 수 있는 어떤 것으로!

이 고통, 이 외로움이
당신께 나아가는 길을 보여 준다면
저는 기쁨으로 저의 몫을 감당하오리이다

당신이야말로 저의 외로운 마음이 갈망하는
풍요로움인 까닭에
제가 당신을 찾을 때, 저는 기쁨으로 가득하오리이다

2 당신의 가정생활은 안녕하십니까?

1. 공동 식사 및 친교

2. 찬 양

찬양하면서 부부가 서로 안마해 준다. 손을 마사지해 준다.

3. 워크샵

(1) 결혼 만족도 검사

각 문항들을 잘 읽고 부부간에 서로 만족하는 정도를 가장 잘 나타낸다고 생각되는 난에 O표를 하시오.

대답하기 어려운 경우 자신이 생각하기에 가장 적합하리라고 생각되는 것을 하나만 선택하면 된다.

(해당란에 O표를 하시오. 매우 만족=4점, 대체로 만족=3점, 보통이다=2점, 약간 불만=1점, 매우 불만=0점)

문항 I	매우	대체로	보통	약간	불만
1. 부부 상호간의 애정 표현(언어, 행동)에 대해서 어느 정도 만족하십니까?					
2. 가정의 수입에 대해서 어느 정도 만족하십니까?					
3. 가내행사(생일, 제사, 명절, 기념일 등)에 대한 남편(아내)의 관심과 참여에 대하여					
4. 남편(아내)의 자녀 학업 지도 및 자녀 훈육에 대해서					
5. 가정 밖에서의 남편(아내)의 대인관계나 그의 직장 생활에 대해서					
6. 가정에 어떤 문제가 생길 때 남편(아내)과 나누는 대화 및 의견 일치에 대해서					
7. 친정(시댁)에 걱정거리가 생길 경우, 남편(아내)의 관심과 태도에 대해서					
8. 부부간의 성생활에 대해서					
9. 어려운 문제가 생겼을 때 이것을 대하는 남편(아내)의 태도에 대해서					
10. 부부사이에 갈등이나 의견 충돌이 있을 때 해결하는 방법이나 그 정도에 대하여					
11. 남편(아내)이 나의 의견과 개성을 존중해 주는데 대해서					
12. 남편(아내)의 가사 협조(청소, 집 수리, 설거지, 빨래, 식사 준비 등)에 대해서					
13. 나의 직장생활에 대한 남편(아내)의 이해와 협조에 대해					
14. 남편(아내)이 나의 직장생활로 인한 긴장이나 피로를 풀어 주는 정도에 대하여					

문항 II	매우	대체로	보통	약간	불만
1. 양가 부모님과 그 가족이 나와의 사이에 대해서					
2. 가족 행사(생일, 제사, 결혼, 회갑 등)에 대한 양가 식구들의 관심과 참여에 대해					
3. 우리 가정의 생활용품, 주택이 가족들의 욕구를 충족시켜 주는 정도에 대해					
4. 사회적인 활동보다 가정생활에서 만족하는 정도는?					
5. 우리 가정의 현재의 경제 상태로 보아 앞날에 대한 경제적인 전망에 대해					
6. 식구들의 용돈 액수와 그 지출 방법에 대해서					
7. 식구들이 식사시간, 귀가시간 등을 지키는 정도에 대해서					
8. 가족이 함께 보내는 여가 활동에 대해서					
9. 지금의 나의 위치는 어떤 행운에 의한 것이 아니라 나의 능력과 노력에 의해 이루어진 것이다.					
10. 나는 나의 학교 동창이나 주위 사람들과 비교해 볼 때 성공했다고 생각한다.					
11. 친척이나 친구가 나로부터 충고받기를 원할 때 나는 그들을 도와 줄 충분한 지혜를 가지고 있다고 생각한다.					
12. 집안 일, 직장 일 등 내가 하는 모든 일에서 나는 충분히 만족감을 얻는다.					
13. 남편(아내)으로서의 역할을 다하기 위해 우리 가정에 쏟는 시간의 양에 대해서					
14. 자녀들이 우리 부부의 의견이나 기대를 충족시켜 주는 정도에 대해서					
15. 우리 부부가 자녀들을 훌륭하게 키우고 있는지에 대해서					
16. 부모들에 대한 자녀들의 태도에 대해서					

문항 II	매우	대체로	보통	약간	불만
17. 자녀들의 건강은?					
18. 처가나 양가 부모님과 그 가족이 우리 가정을 관여 하는 정도에 대해서					

○ 평가

총점이 40점 미만인 부부는 중년기에 심각한 부부 갈등을 경험할 수 있다. 80점 이상은 되어야 부부관계가 안정적이다. 부부가 각자 체크한 것을 배우자의 것과 비교해 보면서, 점수가 낮은 문항에 대해서 진지하게 대화를 나누도록 하자.

(2) 우리 가정의 현실 진단하기

왼쪽에는 문제가 일어나는 빈도수에 따라 번호를 써 넣고 오른쪽에는 그 사항이 문제가 되는지 여부를 표시하시오.

① 해당 안된다 ② 거의 없다 ③ 가끔 그렇다 ④ 자주 있다 ⑤ 항상 그렇다

♠ 의사 결정

....　　　1. 우리는 의견을 달리한다.　　　.......................

....　　　2. 내 배우자가 화를 낸다.　　　.......................

....　　　3. 내가 화를 낸다.　　　.......................

....　　　4. 나는 순응한다.　　　.......................

5. 내 배우자가 순응한다.

6. 우리는 타협하지 않는다.

7. 내가 결정을 내린다.

8. 내 배우자가 결정을 내린다.

9. 내 기분이 상한다.

10. 우리는 결정을 회피한다.

11. 내 배우자의 기분이 상한다.

12. 우리는 사소한 문제로 다툰다.

♣ 재정 관리

1. 내 배우자가 돈을 너무 많이 소비한다.

2. 내 배우자는 돈을 쓰지 않으려 한다.

3. 내 배우자가 나의 씀씀이를 불평한다.

4. 우리는 매월 지출에 대해 아무런 계획이 없다.

5. 우리는 저축에 대해 의견 일치를 보지 못하고 있다.

6. 우리는 돈이 어디에 쓰여지는지 모르고 있다.

7. 내 배우자는 빚과 돈의 행방을 숨긴다.

8. 우리는 우선 순위 정하는 일에 합의하지 못한다.

9. 우리는 지출에 대해 책임을 지지 않는다.

♣ 오락 및 여가 활동

1. 우리가 원하는 만큼 여가시간을 함께 하지 못한다.

2. 내 배우자는 자기 여가활동에 너무 시간을 보낸다.

3. 내 배우자는 여가를 위해 시간이나 정력이 없다.

4. 내 배우자는 나와 오락을 즐기지 못한다.

5. 나는 원치 않는 일을 하도록 강요당하는 기분이다.

6. 우리는 같은 활동을 즐기지 못한다.

7. 내 배우자는 취미나 오락에 관심이 없다.

8. 함께 하는 오락시간과 따로 하는 시간에 균형이 없다.

9. 내 배우자는 오락과 일의 균형을 잃고 있다.

10. 우리는 즐거운 시간에 대한 개념을 달리한다.

♣ 사랑의 표현

1. 당신은 떨어져 있으면 배우자가 보고 싶은가?

2. 당신은 함께 있으면 배우자에게 따뜻한 감정을 느끼는가?

3. 당신은 가끔 사랑을 고백하는가?

4. 당신은 음성으로 사랑을 표현하는가?

5. 당신은 상대방에게 상처줄 말을 피하는가?

6. 당신은 의견이나 취향의 차이를 받아들이는가?

7. 당신은 배우자가 낙심하고 있을 때 위로할 수 있는가?

8. 보통 배우자가 왜 화내는지 이해할 수 있는가?

..... 9. 당신은 사적인 생각과 소원을 말하는가? ....

..... 10. 당신은 상대를 기쁘게 하는 방법을 생각하는가? ....

4. 부부 사랑 점검과 부부관계 점검

(1) 부부관계 점검

심리학자들은 중년기를 '제2의 사춘기'라고 부른다. 이것은 사춘기 못지않은 위기와 감정의 변화를 겪는다는 뜻이다. 중년기의 심리적 특징은 뚜렷한 이유 없이 허전하고 작은 일에도 짜증을 내며 가족에게 불만을 터뜨리기도 하는데 그것은 숨가쁘게 살아온 삶에 대해 '왜', '무엇 때문에'라는 의문이 생기기 시작하는데 이것은 자신에 대한 재평가가 이루어지기 때문이다.

중년기의 남편은 결혼생활에 대해 만족을 보이나 여성은 만족도가 떨어져 남편과 아내사이에 갈등과 위기가 가장 큰 시기이다.

중년 남편은 가정생활이 안정되었다고 여기나 아내는 엄마의 잔손이 필요하지 않을 만큼 성장한 자녀로 인해 시간이 남아 돌게 되고 가족간의 대화가 단절되어 심리적 위기를 느끼게 된다. 그래서 가족관계에서 사랑의 의미를 느끼도록 계획하고 실천해야 한다. 그리고 가정 예배나 가족 여행 등을 통해 가족관계를 화목하게 만들어야 한다. 특히 부부만의 시간을 마련해야 한다. 신체적 건강을 위해 정기 검진이 필요하듯 부부 세미나 부부 교육에 참석해서 부부관계를 점검하고 사랑을 재확인하는 작업이 필요하다. 그렇지 않으면 중년기 부부관계의 특징인 애정 불감증이 되기 쉽다.

중년기 부부관계의 재창조를 위해서는 의사 소통 기술을 익혀서 충분히 대화하고, 함께 있는 시간과 놀이, 취미를 개발하며, 의존적이지 않고 일탈적이지 않은 독립성을 가지며, 시간 관리를 철저히 하여 낭비되는 시간이 없도록 하기 위해 구체적이고도 새로운 시간 계획표를 짜며, 자아 개방을 통해 자기 신뢰를 회복하고 자신의 장점과 능력을 극대화하며, 가족과 개인의 성장을 조화시키는 것 등이 있다.

중년기 부부생활을 원만하게 하도록 노력해야 하는데 구체적인 방법은 다음과 같다.

◉ 결혼생활 점검

결혼생활의 과정, 즉 어디서부터 같이 왔으며 지금은 어디에 있고 미래에는 어디로 가고 싶은가 등의 과제를 주의 깊게 평가하는 것부터 시작되어야 한다.

- 1단계 – 함께 살아오면서 이루어 놓은 가장 중요하다고 생각되는 발전과 성과에 대한 견해를 나누고 서로 비교한다.

- 2단계 – 현재의 인간관계가 가지는 힘, 자원, 문제점, 한계 등에 관해 이야기한다. 각자가 가진 불만과 충족되지 못한 욕구가 충분히 노출되어야 한다.

> • 3단계 – 이 목표를 향해 나아가기 위해 실천적인 계획을 수립
> 한다. 각각의 계획에 대해서 공동으로 점검해 본다.

● 계약의 수정

모든 폐쇄된 인간관계는 어떤 절대적인 기본 원칙과 암묵적인 동의에 따라 역할을 규정한다. 대부분의 결혼생활에서 이 동의는 결혼생활 초기의 상호 작용에서 기본 원칙이 무엇인가에 대해 의식이나 자각이 없는 상태에서 굳어진다.

결혼 초기에 비교적 공평했던 계약도 대개 중년에 이르면 부분적으로 불공평하게 되며 시대에 뒤떨어지게 된다. 부부사이에 이러한 암묵적인 동의나 기본적인 차이가 있게 되면 갈등이 만성화되어 부부관계를 위기로 몰아넣는다.

이 계약을 새롭게 하는 것은 중년기의 결혼생활을 새롭게 하기 위해서 반드시 필요하다.

① 배우자에게 기대하는 것

- 가정의 자질구레한 일의 분담(청소, 요리, 세차 …)
- 자녀 양육과 책임 문제
- 배우자 서로를 위한 계획
- 일, 휴식, 종교 모임, 사회 활동
- 돈을 버는 것과 쓰는 것의 합의
- 결혼이외의 인간관계들의 범위
- 재산권, 법적 권리 상속권

위의 영역에서 부부가 현재 동의하고 있는 것과 자신의 생각을 정확하게 하여 상대방에게 전달한다.

② 비슷한 점과 차이점에 대해 토론해 본다.
③ 의견이 일치하지 않는 부분과 현재 일치하고 있지만 조정을 통해 향상될 수 있는 부분을 표시해 둔다. 가능한 한 깊이 생각하면서 절충하고 협상하며 부부가 다 같이 만족할 수 있는 방법을 찾는다. 갈등이 있을 경우에는 부부가 둘 다 이기거나 둘 다 져야 한다. 왜냐하면 한 사람이 이기고 한 사람이 질 경우 부부관계가 상처를 입기 때문이다.
④ 수정 개선된 약속의 내용을 공동의 표현으로 문자화한다. 그룹에서 나누거나 제출한다.

5. 계획적인 결혼생활(IMM – Intentional Marriage Methid) 나누기

(1) 1단계 – 10분

부부가 서로 문장을 완성한다. 남편이 먼저 문장을 완성하고 아내에게 들려준다. 아내는 잘 들은 후에 카드에 적어서 잘 들었는지 교환해 본다. 다음에는 아내가 문장을 완성하고 말한다. 남편이 들은 후에 잘 들었는지 카드에 적어서 교환해 본다.

① 나는 당신의 __________ 좋아합니다.
② 나는 당신의 따뜻한 마음씨가 너무 좋아요.

③

④

⑤

⑥

⑦

⑧

⑨

⑩

(2) 2단계 - 10분

부부가 자신의 욕구를 적는다. 아내가 먼저 완성된 문장을 말한다. 그 후에 남편이 완성된 문장을 말한다. 끝난 후에는 함께 작업한다.

- 서로 비슷한 요구-A
- 서로 상충되는 요구-B
- 반대하지 않는 요구-C
- 단순히 다른 것-D

① 나는 당신의 _____________ 을 필요로 합니다.

② 나는 당신과 나, 두 사람만의 시간이 필요합니다.

③ 내가 잘못했더라도 감싸주기를 원합니다.

④ 당신은 어머니 댁에 가서 꼭 자고 오자고 하는데 꼭 그래야 하나요?

⑤ 당신은 다른 사람 보는 데서 나를 윽박지르지 않았으면 좋겠어요.

⑥

⑦

⑧

⑨

⑩

(3) 3단계 - 10분

- 각자의 요구 사항을 확인한다.
- 성장을 위한 욕구를 선택한다.
- 어떻게 실천할 것인가 계획한다.
- 계획했던 것을 어떻게 바꾸려고 했는지 과정을 기록한다.

예) 욕구 - 서로가 같이 있는 둘만의 시간과 대화가 필요하다. 매일 저녁식사 후 10분 동안 서재에서 차를 마시면서 둘만의 이야기를 한다. 일주일에 2번, 약수터에 손잡고 가면서 대화한다.

(4) 4단계 - 10분

- 그룹에서 서로의 계획을 나눈다.
- 서로의 계획에 대해서 피드백(feed back) 해 준다.
- 성장을 경험한 부부들의 경험과 방법을 듣는다.
- 성장 과정을 기록한다.

♣ 성장하고 풍요로운 부부관계의 특징

- 서로의 필요에 민감하게 반응하여 충족시켜 준다.
- 솔직하게 관심을 기울여 대화하며 친밀하면서도 사생활의 필요성을 존중한다.
- 진정으로 서로 공정하고 평등하다.
- 서로의 성장에 대해 책임을 진다.
- 역할이 고착되거나 주변적이지 않다.
- 부단히 변화하고 성장하려고 노력하며 서로 돕는다.
- 갈등이 있을 때는 끊임없는 노력으로 서로의 차이를 극복해간다.
- 의미와 신앙의 영역에서 서로간의 친밀감을 깊이한다.
- 사랑이 융화된 성적 즐거움을 심화시킨다.
- 둘이 하나가 되어가는 결혼생활의 본 모습을 확고하게 해나간다.
- 진정한 소중함과 돌봄으로 서로에게 적극적이며 성실하다.

6. 말씀의 적용과 삶의 나눔(삼상 18:5-16)

(1) 중년기에 실패한 사람중의 하나가 사울이다.

본문을 통해 사울이 붕괴되어 가는 모습을 찾아보자.

① 사울의 청년기의 모습(삼상 9:2, 21, 10:23)

② 사울을 위기감에 빠뜨린 정체는 무엇이었는가?(5-9절)

③ 악신이 내리게 된 이유는 무엇인가?(9-12절)

④ 사울의 두려움은 무엇인가?(12-16절)

(2) 우리도 사울과 같은 위기에 처해 있다면 어떻게 해야 할까?

① 의미 있는 일을 찾는다. 자기 발전을 위한 노력을 한다.

② 하나님과 더 깊은 관계를 갖는다.

(3) 중년기를 잘 보내기 위한 기도 제목을 2가지 만들어 부부가
    함께 기도한다.

◆ 과제 나눔

자신의 중년기 위기감을 함께 나눈다. – 변화되어 가는 자신의
모습과 자신이 원하는 모습으로 어떻게 변화시킬 수 있나 점검한
다. 자신에게서 가장 소중한 것 10가지와 취약점 5가지를 적어온
것을 함께 나눈다.

◆ 다음 주 과제 – 결혼생활에서 가장 행복했던 시기, 가장 슬펐
던 시기를 life line으로 그리고, 나를 기쁘게 한 사건, 가장 괴롭게
한 사건을 적어온다.

7. 함께 드리는 기도

• 남편이 드리는 기도문

하나님 아버지, 제가 하나님의 말씀을 품고 고백하며 하나님의 지혜
에 귀를 기울입니다.

제 아내와 함께 안전하고 확신 있는 믿음에 거하며 악한 자를 두려워

하거나 겁내지 않는 믿음을 주옵소서.

내가 마음과 생각과 귀를 기울여 하나님의 지혜를 경청하게 하시고 주님의 지혜와 지식을 알고자 힘을 다해 노력하는 자가 되게 하옵소서. 자비와 친절과 진실이 나를 떠나지 않게 하옵소서. 이것들을 목에 매달고 마음판에 새깁니다. 오직 하나님의 지혜만을 높이고 존귀하게 여깁니다. 그 지혜가 나를 존귀하게 하며 영화롭게할 것입니다.

오직 주님만이 나의 강하고 견고한 힘이며 내 발을 고난과 숨겨진 덫으로부터 건져내어 주십니다.

하나님 아버지, 내가 어디를 가든지 하나님의 말씀이 나를 인도하여 주옵소서.

내가 잘 때에 지켜 주시고 깨어 있을 때에 응답하옵소서. 그러므로 존귀한 말만 하게 하옵시고 내 입술이 항상 옳은 것에만 열려지게 하옵소서.

내 입에서 나오는 모든 말들이 항상 의로운 것이 되어서 하나님 앞에서 바르게 설 수 있게 하시고 항상 진리를 거스르지 않게 하옵소서.

하나님 아버지, 우리 부부가 살아가는 동안 나의 마음에 이해심이 넘치게 하사 항상 아내와 아름다운 관계를 가지게 하시고 아내를 더 연약한 존재로 알고 귀하게 여기고 부부간의 다툼으로 인해서 우리들의 기도가 방해를 받거나 주님께 상달되지 못하는 일이 없도록 하옵소서.

또한 예수 그리스도의 구속으로 인해 주님의 보좌 앞에서 우리 부부가 하늘 나라의 동일한 상속자가 되었음을 인식하게 하옵소서. 또한 우리 부부가 하늘 나라의 동일한 상속자가 되었음을 인식하게 하옵소서.

또한 우리 부부가 한몸과 한마음으로 연합되어 서로에게 자비롭고,

예의 바르며, 따뜻하고 겸손한 마음으로 대하게 하시고 행복과 영화와 안전을 위해서 서로 사랑하고 존경하는 부부가 되게 하옵소서.

하나님 아버지, 우리가 사랑이 넘치는 좋은 부부사이임을 감사드립니다. 그러므로 우리들이 함께 결정한 모든 일들이 성공적으로 이루어지게 하옵소서.

우리로 하여금 항상 의로운 일에 최선을 다하며 사람을 낚는 어부가 되게 하옵소서.

우리가 예수님의 이름으로 구할 때 모든 것을 풍성하게 공급받아 필요한 모든 것이 채워지게 하시고 또한 우리들의 삶과 우리들의 자녀들의 삶에서 온전히 이루어지게 하옵소서.

주 예수님의 이름으로 기도드립니다. 아멘.

– 제르마인 코프랜드 –

• 아내가 드리는 기도

하나님 아버지, 예수님의 이름을 의지하여 기도하오니 내 입에서 항상 하나님의 말씀을 말하게 하시고 모든 면에서 능하고 지혜로우며 참을성 있고 덕이 있는 여성이 되게 하옵소서.

내가 보석보다도 더 귀한 존재로서 남편과 가족에게 있어서 루비나 진주보다 더 가치있게 하옵소서.

남편이 마음으로 나를 확실하게 믿으며 온전하게 의지하며 서로간에 정직하지 않는 것이 없으며 거짓이 없는 부부가 되게 하옵소서.

하나님 아버지, 내가 살아 있는 동안에 남편에게 평안함을 주고 용기를 북돋아주고, 그로 하여금 항상 선한 일을 할 수 있도록 격려하는 사람이 되게 하옵소서.

내가 허리를 졸라매고, 영적으로, 정신적으로, 육체적으로 내 하나님이 주신 일을 감당하기 위해 노력하는 사람이 되게 하옵소서.

내가 수고함으로 얻은 열매로 인하여 하나님이 좋으신 분임을 맛보아 알게 하옵소서.

고난과 궁핍과 슬픔의 밤중에도 나의 등불이 꺼지지 않고 계속 타올라 두려움과 의심과 불신의 마음을 물리치게 하옵소서.

가난한 자들에게 손을 펴게 하옵소서. 영적으로 정신적으로 육체적으로 도움이 필요한 자들에게 도움의 손길을 펴는 자가 되게 하옵소서.

제가 항상 입을 열어 하나님의 지혜를 말하고 나의 혀는 친절과 사랑의 법을 말하게 하옵소서. 집안의 모든 일을 잘 돌보게 하시고 게으름과 불평과 불만과 열등감을 식탁에 놓지 않게 하소서.

주님, 제가 하나님을 경외하고 사랑하는 여인이 되게 하시고 내 손의 열매를 주님께서 공급해 주옵소서.

제가 항상 주님의 권위 앞에 순종하게 하시고 나의 수고로 인해서 어디에 가든지 칭찬 받는 여인이 되게 하옵소서.

저에게 하나님의 말씀을 행할 수 있도록 능력을 주옵소서.

주 예수님의 이름으로 기도드립니다. 아 – 멘.

3 활기 있고 풍성한 중년기를 위하여

1. 공동 식사 및 친교

2. 찬 양

3. 워크샵

(1) 결혼생활의 평가

각 사항을 잘 읽고 결혼생활을 표현해 주는 번호에 표시를 한다.

1= 아니다(우리 관계에 적용되지 않음).

2= 잘 모르겠다.

3= 부분적으로 사실이다(때때로 그렇다).

4= 노력한다(이를 위한 시도 중이다).

5= 확실히 그렇다(우리 관계에 해당되는 말이다).

① 우리는 때때로 우리의 결혼생활에 대해 의견을 나누고 평가한다.

     5   4   3   2   1

② 우리는 잘 맞는다. 왜냐하면 서로 모자라는 점보다는 잠재력까지 고려하기 때문이다.

     5   4   3   2   1

③ 나는 배우자를 있는 그대로 조건 없이 받아들인다.

     5   4   3   2   1

④ 나는 선택해야 할 일이 생기면, 사심을 앞세우지 않기 때문에 내가 먼저 순응할 준비가 되어 있다.

     5   4   .3   2   1

⑤ 우리는 공동의 목표가 있고, 두 사람 다 그것을 이루려는 동기 부여가 되어 있다.

     5   4   3   2   1

⑥ 우리는 중요한 문제를 함께 결정하고 '우리'라는 접근 방식을 따른다.

     5   4   3   2   1

⑦ 배우자가 나를 실망시킬 때는 상대방을 깎아 내리지 않는 한도 내에서 그렇다고 말한다.

     5   4   3   2   1

⑧ 우리는 자녀들의 가정 교육이나 체벌, 자녀 양육에 동의하고 아이들을 벌주기 전에 서로 의논한다.

     5   4   3   2   1

⑨ 우리는 많은 것을 같이한다.

　　5　　4　　3　　2　　1

⑩ 우리에겐 공동의 취미와 관심사가 있다.

　　5　　4　　3　　2　　1

⑪ 우리는 경제적 문제에 동의한다.

　　5　　4　　3　　2　　1

⑫ 우리의 다른 점이 갈등으로 이어지면 우리는 침묵하지 않고 서로 협조해서 서로를 탓하지 않으며 서로 만족할 해결점을 찾는다.

　　5　　4　　3　　2　　1

⑬ 우리는 서로 포옹하고 애무하는 것을 좋아한다. 성관계는 자의로 이루어지고 우리에게 기쁨이 된다.

　　5　　4　　3　　2　　1

⑭ 우리는 종종 함께 성경공부를 하고 기도한다.

　　5　　4　　3　　2　　1

◎ 평가

• 56-70점 사이 : 관계가 매우 좋은 편이다. 성숙을 보장할 만한 기본적 자질을 갖추고 있고 계속 쌓아갈 견고한 기초가 마련되어 있다.

• 35-56점 사이 : 보통이고 중립적이다. 일상적인 만족을 유지한다.

• 35점 이하 : 겨우 만족한 체념한 상태와 비슷한 수준이다. 전문
  가의 도움이 필요하다.

(2) 성장 측정 검사

이 검사표는 당신의 성생활을 두 가지 방법으로 증진시켜 줄 수
있다.

당신의 전반적인 성적 건강을 바르게 평가할 수 있게 하며, 검사
항목들은 당신의 성생활이 더 만족스럽고 건강해지도록 도울 수
있는 다양한 사항들을 제공한다.

각 항목에 다음 세 가지 중에 하나를 선택하라.

○=나는 이 점을 훌륭하게 하고 있다. △=꽤 잘하고 있지만 개선
의 여지가 있다. ×=이 부분을 정말로 보강할 필요가 있다.

(　) 나의 성을 표현하는 방법들은 나와 내 파트너의 만족을 증대시
　　 킨다.

(　) 나는 내가 남자나 여자라는 것을 비롯해서 성에 대해 편안함을
　　 느낀다.

(　) 나에게 가장 충족감을 주는 형태의 성은 신뢰와 상호 존경이 존
　　 재하는 사랑의 관계에서 가능하다.

(　) 나(우리)는 안전하고 책임감 있는 성생활을 즐기기 위해서 가능
　　 한 모든 것을 실행함으로써 건강한 향락을 즐긴다.

(　) 나는 내 몸이 쾌감을 느끼는 곳을 알고 있으며 가장 만족감을
　　 준다고 발견한 곳을 나의 파트너에게 애기한다.

(　) 나는 급하게 절정감을 맛볼 필요 없이 각 단계의 성적 자극이

68

주는 쾌감을 종종 연상하기도 한다.

( ) 우리가 성행위를 하기 전에 우리의 관계에서 서로 거리를 두게 된 상처가 있다면 그것을 함께 다루고 정서적 쾌감을 이룬다.

( ) 우리는 우리가 성적으로 좋아하는 것에 차이가 있으면 충분히 털어놓을 수가 있고, 서로의 욕구를 어느 정도 충족시키기 위해 서로 승부가 따로 없는 현상을 이루어 낸다.

( ) 성행위를 하고 난 뒤 우리는 거리감이 아니라 더 깊은 따스함과 친근감을 느낀다.

( ) 나의 영성과 성적인 면은 내 삶에 있어 서로 연결되어 있고 서로를 풍요롭게 해주는 영역들이다.

( ) 만일 내가(우리가) 잠시 성적 문제를 겪게 된다면 우리는 그것을 변명하지 않고 그냥 편히 쉬면서 가까이 있다는 사실 자체를 즐긴다.

( ) 나는 성을 내 파트너를 조종하는 권력 행사용으로 이용하지 않는다.

( ) 나의 성 관계는 자발적이고 재미가 있지 억지로 혹은 충동에 몰려서 하지는 않는다.

4. 건강관리를 위한 운동 계획 세우기

(1) 중년기 건강 관리

1) 중년기의 건강 관리

한국은 40대 남성의 사망률이 세계 최고라고 한다. 누구나 건강하게 오래 살고 싶어한다.

허버트 드브리스는 장수의 조건으로 적절한 영양식, 충분한 수면, 정규적인 운동, 금연, 긴장의 최소화, 알맞는 체중을 제시한다. 모세는 120세로 생을 마쳤지만 눈도 흐리지 않았고 기력도 쇠하지 않은 청년과 같은 건강을 유지하고 있었다(신 34:7). 의학이 발달하고 세계적으로 평균 연령이 높아가고 있다. 그러나 성인병이 늘어나기 때문에 젊어서부터 건강 관리를 잘 해야만 한다.

한국보건사회연구원이 발표한 '성인병 예방 10대 건강 지침'은 다음과 같다.

① 일찍 자고 일찍 일어난다.
② 하루 7-8시간 수면을 취한다.
③ 음식은 하루 세 끼만 제때에 먹는다.
④ 음식은 싱겁게 골고루 먹는다.
⑤ 식후에는 이를 꼭 닦는다.
⑥ 매일 매일 운동을 한다.
⑦ 매일 즐겁게 생활한다.
⑧ 담배는 피우지 않는다.
⑨ 술을 마시지 않는다.
⑩ 항상 알맞은 체중을 유지한다.

• 건강하고 멋진 삶을 위한 규칙

① 하루하루를 하나님과 함께 시작하고 끝내라. 그리고 너무 많이 잠을 자지 마라.

② 당신의 소명에 충실하라.

③ 모든 남는 시간을 할 수 있는 한 교회에 봉사하라.

④ 모든 축일들, 즉 거룩한 날들을 지켜라.

⑤ 술에 만취함과 남의 일에 참견하는 것을 피하라.

⑥ 호기심을 피하고 필요없이 알려고 하지 말 것이며 모든 쓸데없는 활동을 삼가라.

⑦ 매일 밤 너 자신을 성찰하라.

⑧ 적어도 한 시간의 기도없이는 하루를 다른 일로 보내지 말라.

⑨ 모든 종류의 격한 감정을 피하라.

– 존 웨슬리 –

• 중년 남성 우울증 대처법

① 취미생활을 적극적으로 찾는다.

② 이해타산적 관계가 아닌 동호회 등에 참여한다.

③ 체력 향상과 기분 전환을 위해 정기적인 운동을 한다.

④ 마음이 내키지 않는 일을 하지 않는다.

⑤ 부인은 남편의 입장을 이해한다거나 칭찬하는 말을 자주 한다.

⑥ 가족들은 가급적 뭔가를 해달라는 요구를 자제한다.

⑦ 자녀들은 가능한 한 아버지의 짐을 덜도록 노력한다.

⑧ 일상생활이 힘들 땐 전문가와 상담을 한다.

2) 중년기의 스트레스

스트레스는 외부로부터 오는 과다한 압력으로 몸과 마음의 균형이 깨진 상태이다. 우리를 비참하게 하고 흥분하게 하고 슬픔을 주며 건강을 해치는 나쁜 스트레스가 있는 반면에 스트레스를 적당히 소화할 정도로 받으면 개인의 성장에 도움이 되고 삶에 유익을 줄 수 있다.

① 스트레스가 미치는 영향

우리 몸은 스트레스를 받으면 신호를 보내기 마련이다. 소화가 안되고 설사를 자주 한다거나 가슴이 두근거리고 머리, 허리가 아파서 병원에 갔지만 원인을 찾지 못하는 경우가 있다. 또 자주 먹게 되어 갑자기 살이 쪘거나 건망증, 신경질 등은 스트레스의 증상이다. 고무줄이 팽팽하게 늘어나면 끊어지듯이 스트레스를 지속적으로 받으면 성인병이나 노이로제, 심인성 질환을 일으키며 암세포를 증식시킨다.

한국의 가정 주부들은 고부관계, 남편과의 의견차, 자신의 무능력, 자녀 문제, 건강 약화 등에서 심한 스트레스를 받는 것으로 나타났다. 경제적 무능력과 자기 소외감, 삶의 공허감은 스트레스의 요인이다.

② 스트레스 해소법(여성)

스트레스 신호가 오면 일상생활 속에서 그때마다 근육의 긴장을 풀어주는 것이 좋다. 더운 물로 목욕하는 것, 운동하고 땀을 흘린 뒤 휴식하는 것, 충분한 수면, 산책 등의 방법을 선택한다.

- 지나친 욕심을 버리는 것 – 스트레스 해소의 근본 해결은 욕망에서 벗어나는 것이다. 내일 염려는 내일 하는 것(마 6:34)이 가장 좋은 길이다.
- 건강한 가정 가꾸기 – 인간이 가지고 있는 가장 효과적인 스트레스 방어 기구는 가정이다.
- 지쳐서 돌아온 남편에게 위로의 말 한마디가 새 힘을 준다. 아이들과 잡다한 가사 일에 시달린 아내에게도 칭찬과 위로는 무엇과도 바꿀 수 없는 보약이다.
- 취미 활동 – 좋아하는 일거리를 찾아 하루 30분씩 규칙적으로 실천한다면 스트레스는 완화될 수 있다. 여성회관이나 문화 센터를 적절히 이용한다.

3) 성인병의 예방

성인병이란 말은 제2차 세계대전 후에 일본에서 만들어진 것으로써 암, 뇌혈관질환, 심장질환, 고혈압성질환, 당뇨병, 간질환, 소화성 궤양 등 만성 퇴행성 질환의 총칭이다. 얼마 전 일본 후생성은 성인병이란 용어를 폐지하고 생활 습관병이라는 용어로 대체하였다. 이 병은 30대 이후에 나이를 먹어감에 따라 그 발생률이 높아지며 노화에 따라서 생기는 질환으로 노인병이라고도 한다. 이

들 질병의 원인은 대단히 많으나 특히 잘못된 식생활이 발병의 요인이 된다. 성인병은 성인 초기부터 발병이 시작되고 진행되므로 초기에 예방할 수 있다.

성인병은 생활습관에서 음식물과 깊은 관계가 있으므로 아무것이나 잘 먹는 것이 좋은 것은 아니다. 너무 짜고 맵고 뜨거운 음식, 불에 타고 그을린 고기나 생선 등은 삼가 해야 한다. 성인병은 한 번 걸리면 쉽게 고쳐지지 않는 것이 특징이므로 예방이 최상의 방법이다.

① 고혈압

고혈압의 증상으로는 두통, 뒷목이 땡기는 것, 현기증, 호흡 곤란 등을 들 수 있으나 이런 증상을 동반하지 않는 경우도 있다. 중증 고혈압인데도 불구하고 전혀 자각하지 못하고 있다가 갑자기 뇌졸중, 실명 등의 합병증이 발생하고 나서야 비로소 고혈압이었다는 것을 발견하게 되는 예가 허다하다.

혈압을 여러 번 재어보아 기준 이상의 수치가 계속 나타나면 고혈압 환자라고 할 수 있을 것이다. 일반적으로 고혈압은 뇌출혈, 뇌졸중, 심근경색증 등의 뇌혈관 질환을 합병증으로 유발시킬 수 있기 때문에 중년기에 조심해야 할 질병중의 하나이다. 고혈압의 예방은 올바른 식생활과 적당한 운동 등의 생활요법과 스트레스 요인을 줄이는 정신 요법을 병행해야 한다.

부모 형제 중에 고혈압이 있는 사람은 고혈압에 더 경각심을 갖고 있어야 하며 음식을 싱겁게 먹고 스트레스가 과중하게 지속되는 것을 피하고 과음과 비만을 피해야 한다.

② 당뇨병

40세 이후의 중년층은 정기적인 혈당 검사를 하여 당뇨병을 조기에 발견해야 한다. 정상 혈당치는 공복시에 80-120mg, 식후 2시간 후에 140mg이하여야 한다. 그러나 공복 혈당치가 140mg이상이거나 식후 2시간 혈당치가 200mg이상이면 당뇨병으로 진단할 수 있다.

당뇨병의 요인으로는 유전적인 것과 환경적인 것으로 볼 수 있다. 부모, 형제 중에 당뇨병이 있는 사람은 당뇨병이 되기 쉬운 체질을 가졌으므로 40세 이후에는 당뇨병의 환경적 요인을 철저하게 제거하여 예방해야 한다. 환경적 요인은 비만증, 운동 부족, 나이 등을 들 수 있다. 40세 이후에 비만인 사람은 체중을 먼저 표준 체중에 가깝게 조절해야 한다.

당뇨병이 심해지면 에너지원이 되는 당질의 이용이 원활하지 않기 때문에 당질 뿐 아니라 지방이나 단백질, 물, 무기질 대사에 이상이 생기므로 몸의 모든 기관에 합병증을 유발하게 된다. 당뇨병 자체보다 합병증으로 생명을 잃게 된다. 당뇨병에는 특효약이나 식품이 따로 없다. 올바른 식이요법을 제대로 실천해야 한다. 모든 음식을 골고루 섭취하되 과식하지 않도록 주의해야 한다.

③ 심장병(협심증, 심근경색증)

심장병의 정확한 명칭은 '관상동맥성심장질환' 이라고 불린다. 일종의 동맥경화 현상으로 심장 자체에 혈액을 공급하는 관상동맥이 막혀 생기는 무서운 질병이다. 일반적으로 정도가 약할 때는

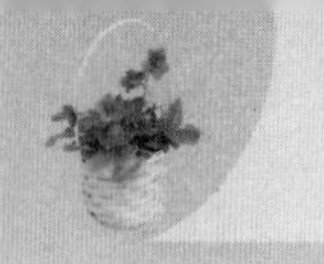

'협심증'이라고 하고 심할 때를 '심근경색증'이라고 한다.

협심증의 통증은 특이하여 증상만 가지고도 진단이 확실한 경우가 있다. 보통 일을 할 때 감동적으로 격앙되었을 때, 포식한 후에, 추운 날씨에, 아침나절에 주로 발작한다. 아침에 일어나서 세수할 때나 머리감을 때, 출근하려고 집을 나설 때 주로 발작한다. 통증은 가슴을 쥐어짜는 것 같고 숨이 막히며 식은땀이 줄줄 흐를 정도로 몹시 아프다. 이런 통증은 5-10분간 지속하다가 사라진다. 협심증은 적절한 대처를 하지 않을 경우 심근경색으로 진행이 되며, 발병 중에 급사하는 경우도 있고 부정맥이나 심부전으로 생명의 위협을 받기도 하는 무서운 병이다. 동맥경화를 예방하면 심장병도 예방이 가능하다.

동맥경화의 유발 요인은 고혈압, 고지혈증, 당뇨병, 흡연이다. 동맥경화는 수십 년을 두고 서서히 진행되는 병이므로 중년기 이전부터 그 위험 요인을 제거해야 한다.

고혈압과 당뇨병이 동시에 있는 사람은 심장병에 걸릴 확률이 매우 높으므로 주의해야 한다. 심장병의 예방을 위해서는 표준 체중을 유지하고 고혈압과 당뇨병을 적절히 조절하며 담배를 피우지 말아야 한다. 동시에 규칙적으로 운동하고 스트레스를 줄여야 한다.

④ 간경화증

간은 사람의 장기 중 가장 크다. 간이 하는 일은 500여 가지 이상의 기능을 발휘하고 있다.

소화 작용, 영양소의 저장, 해독 작용 등의 생명 유지와 스테미나

향상에 필수적인 일을 한다.

간이 나빠지면 위장이 나빠졌을 때와 마찬가지로 식욕이 떨어지고 온몸이 나른하며 피로하기 쉽다. 메스껍고 아랫배가 부른 증세가 나타나기도 한다. 간은 침묵의 장기라고 부를 만큼 웬만큼 상해를 받더라도 회복 능력이 매우 강해 좀처럼 위험 신호를 보내지 않는다. 그래서 급성 간염이나 간경변, 간암 등의 초기에는 특별한 증상이 나타나지 않고 증상이 나타났을 때는 이미 치료의 기회를 놓쳤을 때가 많다.

간경변은 일반적으로 식욕감퇴, 피로, 전신 권태감, 메스꺼움, 복부 팽만감 등이 나타난다.

특히 간경변은 40-60세 사이의 중년기에 많이 나타나며 여성보다 남성에게 많이 나타나는 병이다. 다른 병과 마찬가지로 간경변도 예방이 최선의 치료이다. 술과 담배는 절대 금연이며 과로를 피하고 규칙적인 생활을 한다.

⑤ 통풍

20-30년 전만 해도 우리 나라에서 찾아보기 힘든 병이었으나 식생활의 변천과 함께 100명 중 3명이 이 병에 시달린다고 한다. 과거와는 달리 육류의 섭취가 늘었기 때문이다. 중년 남성에서 비만 다음으로 많이 오는 통풍은 엄지발가락이나 발등이 욱신거리고 벌겋게 부어 오르는 관절염의 일종이다. 통풍의 직접적인 원인은 핏속에 요산의 농도가 높아지기 때문인데 영양과잉이나 단백질의 과잉섭취로 소화, 흡수, 배설 등의 대사 과정에 이상이 생겨 발병한다. 서양에서는 일명 귀족이나 왕에게 많이 찾아드는 사치스런

병이라 하여 '황제병' 이라 불리워졌다.

통풍에 걸리면 초기에는 엄지발가락이나 발목 부위가 아프고 화끈거리다가 아침이 오면 말짱해지는 증세를 3-6일 반복한다. 이 같은 초기 증세가 아무 일 없던 것처럼 정상으로 돌아오고 몇 개월, 길게는 3년 뒤에 또다시 통증이 찾아온다. 이후 발작의 주기가 점점 짧아져 만성 통풍으로 발전, 관절이나 귀가 부어오른다. 때문에 대부분의 환자가 대수롭지 않게 지나치다가 만성화 되어서야 병원을 찾는다. 이 병이 만성화되면 손이나 손가락 관절, 어깨 관절, 등에까지 통증이 오고 손가락, 발가락이 변형되며 신장과 심장에까지 번지게 된다. 또 합병증으로 뇌졸중, 관상동맥 질환, 뇌혈관 장애 등을 유발한다. 이 병은 뚱뚱하고 얼굴이 붉은 중년기 사람에게서 많이 나타나는데 90%가 남자이다.

4) 갱년기 증상

① 폐경

폐경은 보통 40대 후반에서 50대 초반 사이에 일어난다. 여성에게는 출산 능력의 종말을 고하는 것이기에 특별한 '생의 전환점' 으로 불리우기도 한다.

갱년기를 맞는 여성들은 홀가분하다는 느낌보다는 드디어 인생의 황혼기가 오는 것 같은 쓸쓸한 심경을 갖게 된다.

② 갱년기 증상과 심리 상태

사람에 따라 다르지만 폐경 한두 해 전부터 신체에는 여러 가지

변화가 나타난다. 까닭 없이 신경이 예민해 지거나 심한 피로와 뼈마디가 쑤시는 듯한 느낌이 들기도 한다. 열이 얼굴로 올라갔다가 내려가고 식욕도 저하된다. 또 불면증과 우울증에 시달리며 골다공증으로 괴로움을 당하기도 한다.

여성 호르몬의(estrogen) 분비가 감소하므로 질과 점막이 위축되고 유방선도 위축된다. 자궁내부의 분비물이 감소하고 질의 상피세포가 얇아지고 건조해져서 부부가 성 관계를 할 때 통증을 느끼는 경우도 있고 세균에 대한 저항력이 떨어져 질염도 자주 발생한다. 또한 감정의 변화가 심해져서 안절부절하게 되고 우울해지며 근심에 빠지게 된다. 밤에는 불면증에 시달리게 되고 낮에는 피로감과 졸음, 초조감이 오게 된다. 구토, 현기증, 두통, 집중력이 감소하고 성욕 또한 감퇴한다.

③ 빈 둥지 증후군

갱년기의 여성들은 이런 저런 이유로 심리적, 육체적인 고통을 겪지만 남편은 남편대로 아이들은 아이들대로 바쁘며 밖으로 돌게 된다. 그래서 혼자서 눈물을 글썽이게 되는 것이 빈 둥지 증후군이다. 그러나 중년을 맞고 폐경을 겪는 것은 결혼을 하고 출산을 하는 것을 경험하는 것과 같이 중요한 통과의례 중의 하나이다.

④ 남성의 갱년기

남성의 갱년기는 여성의 폐경과 같이 외형적 표시가 없기 때문에 쉽게 느껴지지 않는다.

그리고 서서히 늦은 속도로 다가와서 수개월간 지속하다가 사라진다.

그 증상은 불면증, 회의와 불안, 과잉 흡연, 우울증, 성욕 감퇴, 성 능력 저하, 삶과 일에 의한 의욕 상실, 기억력과 집중력의 감퇴, 식욕상실 등을 들 수 있다. 때로는 결혼생활의 부조화, 이혼, 성격 변화, 건강 염려증, 외로움 같은 증상도 나타난다.

피해 망상에도 곧잘 빠진다. 모든 잘못을 '자신의 무능 탓'으로 돌린다.

그리고 이 시기에는 남성적 특징이 감소하고 여성적 특징이 나타난다. 특히 중년기의 특징인 충동적인 증상이 강렬해지기 때문에 어떤 순간의 기분으로 집을 팔거나, 직장을 그만두거나 보험을 해약하는 등의 극단적 행동을 철저히 조심해야 한다.

5) 중년기의 풍요로운 부부관계를 형성시키는 방법

- 각자에게 진정으로 중요한 것에 대해 함께 대화할 시간을 정기적으로 갖는다.
- 둘의 관계속에 서로 상대방 안에 장점과 보물이 있다는 것을 깨닫고 받아들인다.
- 각자 자신이 미처 발휘하지 못한 장점과 가능성을 찾아 발전시킬 수 있는 기회를 마련한다.
- 독서 및 취미생활, 정신적 활동 여행을 통해서 자신의 내적인 삶을 보다 풍요롭게 한다.
- 정서적 지지와 도움을 줄 수 있는 지지집단을 만든다.

- 개인적으로, 부부 단위로 자아 훈련 및 자율성 배양을 통해 건강한 여유를 지니도록 한다.
- 따뜻하게 관심을 기울여 의견의 불일치와 갈등에 대해 토론하고 서로간의 기본적인 약속을 정기적으로 수정하여 그 약속-서약이 늘 효력을 발휘하게 한다. 그리하여 노여움과 상처, 울분의 장벽이 두 사람 사이에 쌓이지 않도록 한다.
- 부부사이의 총체적 관계의 부단한 성장이 이루어지도록 노력하며 원숙하고 성숙한 성생활을 유지한다.

5. 말씀 적용과 삶의 나눔(삼하 11:1-5)

1) 다윗이 위기에 빠진 시기는 언제인가?

2) 다윗이 죄에 빠지게 된 원인은 무엇인가?

3) 다윗을 외도로 이끈 밧세바의 문제는 무엇인가?

4) 밧세바와 외도 사건 이후에 다윗이 범하게 된 죄악은?

5) 나단을 통해 하나님이 다윗을 뭐라고 책망하시는가?

6) 다윗은 이 사건 이후로 어떻게 변화되었는가?

7) 중년기를 잘 넘기기 위한 기도 제목 2가지를 부부가 함께 만들
고 기도한다.

♣ 과제 나눔

자신의 결혼생활에서 가장 기억에 남는 사건이나 시기를 함께 나눈다. 갈등이라면 어떻게 극복할 수 있었는지 말하여 서로에게 도움이 되게 한다.

♣ 다음 주 과제

중년기 건강 관리를 위한 운동 계획을 세워온다.

6. 마치는 기도

주님, 우리 서로가 서로를 아끼고 존중하는 마음을 갖게 하시고 가장 친한 친구로서 서로에게 든든한 버팀목이 될 수 있게 하소서.

서로에게 준 상처와 실망으로 인해 저희의 사랑이 흔들리거나 사라지거나 파괴될 때는 다시금 저희 마음에 사랑을 회복시켜 주소서. 용서해야 할 일이 있거든 신속하고 온전하게 서로를 용서할 수 있게 하소서.

저희가 서로 인자하게 하며 불쌍히 여기며 서로 용서할 수 있게 하소서. 상대방의 약점이나 잘못을 보지 말게 하시고 늘 즐거운 얼굴로 서로를 대하며 삶의 어려운 문제를 헤쳐나갈 수 있게 하소서.

저희가 동일한 믿음과 생각과 도덕적 가치관을 갖게 하시고 서로를 신뢰할 수 있게 해주소서. 서로 별개의 삶을 살지 않고 인생의 동반자로서 모든 일을 함께 하게 하소서.

서로를 위한 시간을 갖게 하심으로써 삶에서 행복과 평화와 기쁨을 갖게 해주소서.

저희 결혼생활이 주님이 의도하셨던 계획대로 이루어지길 소원합니다.

예수님의 이름으로 기도합니다. 아멘!

4 중년기 부부의 영성 관리

1. 공동 식사 및 친교

2. 찬 양

3. 워크샵

(1) 인생 곡선 그리기

이제까지의 부부생활에서 가장 기뻤던 시기, 가장 슬펐던 시기를 그려본다. 고독하고 우울했던 시기는 아래로 표시하고 행복하고 기뻤던 시기는 위로 표시한다. 자신에게 가장 힘이 되어 준 것은 무엇인가? 돌아가면서 그 어려운 시기를 어떻게 해결했는지 발표하고 자신의 삶을 나눈다.

(단위 : 몇 세)

```
5  10  15  20  25  30  40  45  50  55  60  65  70
|---|---|---|---|---|---|---|---|---|---|---|---|
```

(2) 배우자 알기 퀴즈

다음의 각 문항을 읽고 사실이다, 아니다로 답하시오.

① 나는 배우자의 가장 친한 친구 세 명의 이름을 댈 수 있다. (O, X)

② 나는 배우자가 가장 자랑스러워하는 업적이 무엇인지 안다. (O, X)

③ 나는 배우자가 인생에서 가장 행복했던 때를 말할 수 있다. (O, X)

④ 나는 배우자가 인생에서 가장 큰 상실로 여기는 것이 무엇인지 안다. (O, X)

⑤ 나는 배우자가 자신의 부모님을 대할 때 어떤 면을 가장 힘들어 하는지 설명할 수 있다. (O, X)

⑥ 나는 배우자가 운전하고 있는 동안 라디오에서 어떤 곡이 흘러 나오고 있는지 안다. (O, X)

⑦ 나는 배우자가 집안 친목회에서 가장 피하고 싶어하는 친척들이 누군지 안다. (O, X)

⑧ 나는 배우자가 어린 시절에 겪은 사건 중 정신적으로 가장 큰 충격을 받은 사건을 안다. (O, X)

⑨ 배우자는 자신이 인생에서 원하는 것이 무엇인지 확실히 밝혔다. (O, X)

⑩ 나는 배우자가 자신이 원하는 것을 얻지 못하도록 방해하는 장애물이 무엇이라고 생각하는지 안다. (O, X)

⑪ 나는 배우자가 자신의 신체에서 어떤 면을 가장 싫어하는지 안다. (O, X)

⑫ 나는 배우자의 첫인상을 정확하게 기억한다. (O, X)

⑬ 나는 배우자가 신문에서 어느 면을 제일 먼저 보는지 안다. (O, X)

⑭ 나는 배우자가 자란 고향에 대해 자세히 묘사할 수 있다. (O, X)

⑮ 나는 배우자를 웃게 만드는 것이 무엇인지 안다. (O, X)

⑯ 나는 배우자의 부모님이 배우자에게서 가장 자랑스러워하고 또 종종 말씀하시는 것이 무엇인지 안다. (O, X)

⑰ 나는 우리가 만나기 전에 배우자가 결심한 것을 말할 수 있다. (O, X)

⑱ 나는 식당에 가면 배우자가 제일 먼저 어느 쪽 메뉴를 보는지 안다. (O, X)

⑲ 나는 배우자가 이 세상 누구에게도 말하지 않고 내게만 말한 것 3가지를 들 수 있다. (O, X)

⑳ 나는 배우자의 종교적 신념을 잘 알고 있다. (O, X)

4. 중년기의 영성 관리

(1) 마음밭 일구기

우리의 내면의 마음밭은 잘 가꾸지 않으면 어느 사이엔가 가시덤불이 자라고 어지러운 모양이 된다.

하나님은 질서의 하나님으로 우리의 마음밭이 어지럽게 되는 것을 원치 않으신다.

우리의 마음 안에 하나님과 만날 수 있는 공간을 만들어 놓으면 우리는 언제라도 하나님과 은밀한 교제를 즐길 수 있지만, 마음의 준비가 되지 않으면 하나님이 우리에게 베푸신 많은 특권을 놓쳐 버리게 된다.

실패, 수치, 고통, 고독, 사랑하는 사람의 사별 등과 같은 위기의 순간에 대처할 능력이나 해답을 찾을 수 없다.

(2) 영성 훈련 단계

1) 침묵과 고독

수세기 전 광야의 교부들은 영성 개발을 위한 환경의 중요성을 알아 침묵(silence), 고독(solitude), 그리고 내적 평화(inner peace)를 강조했다.

사탄은 우리 삶을 매순간 복잡함과 소음으로 인도한다.

우리가 그 소음에 그대로 방치된다면 하나님의 음성을 들을 수 없다. 하나님은 세미한 음성으로 말씀하시기 때문에 하나님께서 말씀하시는 바를 듣기 위해서는 마음의 방음 장치를 개발해야 한다. 우리가 살고 있는 세상은 끊임없는 음악과 소음, 잡담, 분주한 일정으로 꽉 차 있다. 우리는 워낙 소음에 익숙해져 있어 소음이 없으면 오히려 불안을 느낀다.

그러나 하나님을 만나기 위해서는 규칙적으로 일상에서 물러나서 홀로 있는 시간을 가져야만 한다.

2) 하나님께 귀 기울이기

모세는 40일 동안 하나님의 영광의 광채 속에서 하나님의 말씀을 듣고 십계명을 받았다. 그러나 아론은 백성들의 말에 귀 기울여 금송아지를 만들었다. 모세는 하나님께 귀 기울임으로 의로운 법에 대한 하나님의 계시를 받았다. 반면 아론이 귀 기울여 들은 것은 인간의 불평과 소음과 요구거리들이었다.

우리의 영적인 훈련은 환경 속에서 의식적으로 듣는 훈련을 시작할 때 계발된다. 많은 그리스도인들이 어렸을 때부터 하나님께 말하는 법을 배우지만 하나님의 말씀을 듣는 것은 배우지 않는다. 잘 듣는 것은 하나님의 신비를 알려 주는 성경을 읽음으로 가능하다. 성령의 일깨우심에 민감해 있을 때, 하나님이 하시는 말씀에 민감

해 있을 때 하나님이 우리에게 하시는 말씀을 들을 수 있다. 또한 설교자나 성경공부를 통해서 들을 수도 있다.

3) 기도하기

• 찬 양

하나님이 어떤 분이신가 하는 것을 깊이 생각하고 계시해 주신 것들에 감사함으로 경배를 드리는 것으로 시작한다. 기도 속에서 찬양한다는 것은 우리에게 하신 일들을 깨닫게 하고 하나님의 말씀을 기뻐하는 데서 온다. 감사와 찬양으로 이것들을 생각해 볼 때 우리의 영은 하나님의 임재와 존재하심을 느끼게 되고 충만케 됨을 경험할 것이다.

• 고 백

기도의 두 번째 요소는 죄에 대한 고백이다. 영적 훈련에서는 우리가 그분을 기쁘시게 해드리지 못한 행동들과 태도들을 고백하는 것이 포함된다. '죄인인 나에게 긍휼을 베푸소서' 이것은 단축된 고백의 기도이다. 우리는 하나님 앞에서 자신을 낮추는 경험을 날마다 가져야만 한다. 그리스도인들은 기도하면서 그 전에 발견하지 못했던 새로운 죄들을 보게 된다. 우리의 삶 속에서 이 땅위에 사는 동안 매일 매일의 죄들과 싸워야 한다. 바울 사도가 자신을 '죄인중의 괴수'라고 부른 이유를 이해할 수 있게 된다. 이것은 우리가 아는 것과 모르는 것 모두를 주님 앞에 내려놓음으로 그것들을 다루는 법을 배우는 것이다. 알 수 없는 미래의 일과 일어나게 될 문제들을 포함하는 것이다.

• 중 보

중보기도는 그리스도인이 가질 수 있는 특권이며 가장 위대한 사역이다. 영적 권위와 책임이 커질수록 중보기도의 능력을 개발하는 일이 중요하다. 제멋대로 행하는 이스라엘 사람들을 대신해서 탄원을 했던 모세는 중보 사역의 위대한 본보기이다. 중보기도는 가까운 친구들과 가족들, 이웃 사람들을 위해서 많은 기독교 지도자들과 기독교 기관들을 위해서 매우 중요한 사역이다.

• 자신을 위한 간구

우리는 자신에 대한 청원과 요구를 날마다 주님 앞에 가져가야 한다. 주님께 지혜와 공급을 구하는 것은 우리의 힘의 원천이다. 우리의 힘의 원천은 외부에서 방향이 주어지는 것이 아니라 내면에서 오는 것이다. 기도가 깊어질수록 내 자신에 대하여는 적게 구하고 타인을 위한 기도가 많아진다는 것을 발견하게 될 것이다.

• 찬 양

기도의 마지막 단계는 하나님께 영광을 돌리는 찬양으로 마무리 된다.

5. 삶의 스타일 나누기

"그러므로 누구든지 나의 이 말을 듣고 행하는 자는 그 집을 반석 위에 지은 지혜로운 사람 같으리니 비가 내리고 창수가 나고 바람이 불어 그 집에 부딪히되 무너지지 아니하나니 이는 주초를 반석 위에 놓은 연고요 나의 이 말을 듣고 행치 아니하는 자는 그 집을 모래 위에 지은 어리석은 사람 같으리니 비가 내리고 창수가 나고 바람이 불어 그 집에 부딪히매 무너져 그 무너짐이 심하니라"(마 7:24-27).

예수님께서는 이 비유를 통하여 우리들 한 사람 한 사람이 인생의 집을 세워 가는 자들이며 하나님의 음성을 듣고 그에 따라 행할 때에만 튼튼한 집을 지을 수 있다는 간결한 진리를 가르치셨다. 예수님께서 우리에게 제시해 주신 요건들은 나에게 주신 말씀을 생활에 적용하는 것이다. 중요한 것은 하나님의 말씀을 우리 삶 속에 세워 가는 것이다. 영적으로 성숙한 사람들은 열심으로 성경의 원리에 귀를 기울이고 들은 것을 실행하여 생활에 적용하며 진리의 원칙에 따라 삶의 방향을 정해나간다.

(1) 삶의 스타일 점검하기

1) 점검 방법

① 가장 왼쪽 난에 있는 '시간을 소모하는 활동'들을 훑어 보고 당신의 시간을 많이 투자해야 하는 다른 활동들이 있으면 아래에 첨가하라.

② 활동 난 오른쪽에 있는 세 가지 점검 난 가운데 하나에 'V' 표시를 하시오.

- 적합 : 현재 내가 사용하는 시간은 나에게 적합하다.
- 더 많은 시간 요 : 이 활동은 지금 내가 소비하는 시간보다 더 많은 시간을 투자할 필요가 있다.
- 적은 시간 투자 : 이 활동은 그 가치에 비하여 너무 많은 시간을 투자하고 있으므로 더 적은 시간이 할애되어야 한다.

시간을 소모하는 활 동	적합	더 많은 시간 요	적은 시간 투자	새로운 계획
일				
휴식과 잠				
놀이				
몸 관리				
마음 관리				
영성 관리				
내 가족과 내 친구들과 보내는 시간				
다른 사람, 봉사				
창조적인 활동				
자유시간(특별계획이 없는 시간)				
시간 낭비				
다른 일들				

③ 당신이 지금 배정하고 있는 시간의 양에 나타난 우선 순위들과 당신의 중요한 가치들(당신의 종교적 전통으로부터 받은 가치들을 포함하여)에 비추어서 평가해 보라.

④ 더 높은 우선 순위에 더 많은 시간을 그리고 더 낮은 우선 순위에 더 적은 시간을 배정하는 새로운 시간 배정 스케줄을 개발하라. 점검표의 맨 오른편 난에 당신의 계획을 실천하기 위하여 필요한 시간도 포함시켜라.

⑤ 당신의 계획을 실천하라. 당신이 계획적으로 세운 새로운 일에 따라 시간을 사용할 때마다 어떤 종류로든지 스스로에게 보상을 하라. 당신의 시간이 당신의 인생임을 기억하라. 그것을 잘 사용하는 것은 당신의 삶을 잘 사는 것이다.

6. 말씀의 적용과 삶의 나눔

(1) 성령께서는 우리의 어떤 부분을 도우시는가? (롬 8:26-27)

(2) 하나님께서는 우리가 어떻게 하기를 원하시는가? (마 18:23-35)

① 마 18:23-35

② 마 6:12

(3) 하나님은 어떤 분이신가?

① 시 86:5

② 시 103:2-4

(4) 하나님께서 우리에게 원하시는 바는 무엇인가?

① 마 11:28-30

② 사 53:4-8

(5) 묵상에서 얻게 되는 유익은 무엇인가?

① 시 119:97-100

② 수 1:8

③ 시 62:5

④ 사 30:15

⑤ 약 4:10

(6) 영성 훈련에 대한 기도 제목 3가지와 우리 속에 있는 상처로
자유롭지 못한 부분을 점검하여 기도 제목 5가지를 만들어
부부가 함께 기도한다.

♣ 과제 나눔

① 중년기의 운동 계획을 세워 온 것을 함께 나눈다.
② 제2의 신혼 첫날밤을 어떻게 보낼 것인가? 계획을 세운 부부
와 실행에 옮긴 부부들을 초청해서 그룹에서 나눈다.

♣ 다음 주 과제

• 나에게 남은 생이 앞으로 1주일이라면, 배우자에게나 기타 다
른 사람에게 꼭 하고 싶은 말을 A4 1-2장 분량 정도로 써 온
다.

7. 마침 기도

주님, 삶에서 기도는 반드시 필요한 것일 뿐 아니라 본질적인 것

임을 알게 하소서.

저희는 흔히 영적인 부분과 일상생활을 분리시키곤 합니다.

주님, 삶은 통합되어야 한다는 것, 삶의 모든 부분이 영적인 신념과 목표에 따라 방향지어져야 한다는 것을 깨닫게 하소서.

주님, 저희의 기도와 매일의 체험이 씨실과 날실처럼 짜여져 삶의 모든 부분이 의미있게 짜여질 수 있도록 도와 주소서.

주님, 기도로 매일의 활동이 풍요로워지고 또한 그 활동이 기도가 되어 주님께 봉헌될 수 있기를 원합니다.

우리의 매일매일의 삶이 주님의 빛을 반영하도록 우리를 영적인 성숙에로 인도하소서. 아멘.

5 중년 부부의 갈등 해결 : Win – Win으로 사는 법

1. 공동 식사 및 친교

2. 찬양

3. 워크샵

(1) 생활 방식 체크하기

① 당신은 배우자와 진지한 대화를 하는 편인가? 그렇다면 주로 서로의 문제점에 대해 이야기하는가?

----

② 두 사람의 미래를 비관적으로 보는가?

③ 당신은 아이들에게 매여 살고 있다고 느끼는가? 혹은 당신의
일이나 집안 일 또는 빚에 매여 있는가?

④ 몸매에 자신이 없는가? 집안을 꾸미고 깔끔하게 보이고 싶은
욕구가 전보다 약해졌는가?

⑤ 전보다 활달하지 못한가? T·V 앞에 앉아 있는 시간이 길어졌
는가? 저녁을 먹고 나면 눈을 뜨고 있기가 힘드는가? 대개 배
우자가 잠자리에 들기 전에 먼저 곯아떨어지는가?

⑥ 서로에게 쉽게 싫증을 내는가?

⑦ 각자 다른 사람에게서 위로와 재미를 찾는가?

⑧ 두 사람은 상대에게 주도권을 뺏길까 봐 신경전을 벌이고 함께
있을 때에도 서로 경계하는가?

⑨ 어떤 일로 배우자를 도와 줄 경우 배우자가 미안한 마음을 가
지도록 생색을 내는가?

⑩ 일단 싸움이 벌어지면 어디서 중단해야 할지 통제가 안되는가?

⑪ 부부싸움을 할 때 앞 뒤 안 가리고 모진 말을 퍼붓고 인격적
모독까지도 서슴치 않는가?

⑫ 서로에게 정말 하고 싶은 말을 하지 않고 속에 담아 두는 경우

가 자주 있는가?

⑬ 배우자가 관심 있어 하는 것에는 당신이 흥이 나지 않고 시큰
둥해지는가?

⑭ 당신의 행동이나 태도중에 그것이 두 사람 관계에 파괴적인 역
할을 하는 줄 알면서도 고치고 싶은 마음이 들지 않는 것이 있
는가?

⑮ 배우자를 사랑하면서도 배우자에 대한 부정적인 감정을 떨쳐버
리기가 어려운가?

⑯ 이제 더 이상은 두 사람의 장래에 대해 같이 얘기를 나누지 않
는가?

(2) 의사 소통 스타일 체크하기

각 항목에 대해 해당되는 대로 표시하십시오.

① 말을 별로 하지 않는다.

　　남편(　　)　　아내(　　)

② 화가 나면 말을 하지 않는다.

　　남편(　　)　　아내(　　)

③ 자신의 감정이나 의사 표현을 잘 하지 못한다.

　　남편(　　)　　아내(　　)

④ 상대방을 무시하는 말을 자주 한다.

　　남편(　　)　　아내(　　)

⑤ 바가지를 긁는다.

　　남편(　　)　　아내(　　)

⑥ 결론이 나올 때까지 논쟁한다.

　　남편(　　)　　아내(　　)

⑦ 화가 나도 혼자 참아 버린다.

　　남편(　　)　　아내(　　)

⑧ 가정 바깥일에 지나치게 열중한다.

　　남편(　　)　　아내(　　)

⑨ 서두가 길다(서론이 길다).

　　남편(　　)　　아내(　　)

⑩ 과장된 표현을 잘 사용한다.

　남편(　　　)　　　아내(　　　)

⑪ 지나치게 말이 많다.

　남편(　　　)　　　아내(　　　)

⑫ 큰소리로 잘 웃는다.

　남편(　　　)　　　아내(　　　)

⑬ 무표정하다.

　남편(　　　)　　　아내(　　　)

⑭ TV에 너무 열중한다.

　남편(　　　)　　　아내(　　　)

⑮ 곤란하면 화제를 바꾸어 버린다.

　남편(　　　)　　　아내(　　　)

⑯ 빈정거린다.

　남편(　　　)　　　아내(　　　)

⑰ 고함을 잘 지른다.

　남편(　　　)　　　아내(　　　)

⑱ 화가 난 것을 숨긴다.

　남편(　　　)　　　아내(　　　)

⑲ 건성으로 듣는다.

　남편(　　　)　　　아내(　　　)

⑳ 이야기를 독점한다.

　남편(　　　)　　　아내(　　　)

㉑ 자신이 옳다는 인정을 받아야 직성이 풀린다.

　남편(　　　)　　　아내(　　　)

㉒ 명령한다.

　남편(　　)　　아내(　　)

㉓ 가끔 폭력을 행사하기도 한다.

　남편(　　)　　아내(　　)

㉔ 욕설을 퍼붓기도 한다.

　남편(　　)　　아내(　　)

㉕ "시끄러워!" "그만둬!" "됐어!" 등의 말로 대화를 중단시킨다.

　남편(　　)　　아내(　　)

♣ 부부간에 체크한 것을 비교해 보고 부부대화에 있어서 어떤 문제가 있는지 생각해 봅시다.

(3) 결혼생활에 대한 평가

해당하는 사항의 괄호에 V표 하시오.

① 최저 수위 상태의 결혼생활 : 서로에게 방해되지 않도록 회피해 버리거나 멀찍이 떨어져 있다. 서로를 행해 미온적 태도를 취하며, '간신히 만족한(체념한)' 상태이다. (　　)

② 갈등 상태의 결혼생활 : 어떤 문제에 대해 말하기만 해도 논쟁하게 된다. 당신은 좌절감을 심하게 느껴 폭발하거나 끊임없이 잔소리하게 되고, 배우자는 당신을 매우 짜증나게 한다. (　　)

③ 진부한 결혼생활 : 더 이상 활력이 없고 사랑의 불꽃도 없다.

흥분할 일이나 솟아나는 기쁨이나 친밀감을 더 이상 찾아볼
수 없다. (   )

④ 기복이 심한 결혼생활 : 생활과 기분에 의해 좋았다, 싫었다
하는 감정의 기복이 심하다. (   )

⑤ 냉소적 결혼생활 : 아이들이나 물질적인 이유 혹은 사회적 지
위나 이목이 두려워 헤어지지 않고 그냥 같이 지낼 뿐이다.
(   )

⑥ 정중한 결혼생활 : 서로에게 정중하게 대하고 집안 일이나 경
제적 안정 등 기본적인 책무는 다한다. 그러나 아주 간혹 부
부관계를 갖는다. (   )

⑦ 묵계적 결혼생활 : 화평은 유지하나 관계의 정점은 없다. 일
상적인 밋밋한 삶과 '자는 개는 내버려 두는' 식의 묵인적인
삶이 편하다. (   )

⑧ 성장하는 결혼생활 : 서로의 일에 서로 많이 관여하고 있다.
여러 가지 주제에 대해 몇 시간씩 얘기할 수 있고, 여러 가지
일을 함께 하며, 서로가 같이 있는 것을 즐길 수 있다(그러나
서로가 자라가는데 필요한 공간은 남겨 둔다). 그러므로 '우리'라
는 관점을 가질 수 있다.(   )

⑨ 친밀한 결혼생활 : 배우자에게 자신을 드러낼 수 있고, 거절
당할 위험 없이 자신의 깊은 필요를 드러낼 수 있다. 안정감

을 느끼고 보살핌을 받는다고 느끼며 서로 신뢰하고 용납되고 이해 받는다고 느끼기 때문에 대화할 수 있다. (   )

⑩ 성숙한 결혼생활 : 그리스도로 인하여 서로의 관심사를 추구할 수 있고 함께 성경을 공부하거나 자주 같이 기도한다. 서로 무조건적으로 용서하고 용납하며 섬기며 존중할 수 있다.
(   )

(4) 우리 부부의 사랑 테스트

숫자의 표시는 다음과 같다. 해당되는 번호에 ∨표 하시오.
5-늘, 4-보통, 3-때때로, 2-아주 간혹, 1-전혀 그렇지 않다

① 이해 : 나는 늘 배우자의 입장에 서서 그(그녀)의 마음 속에 생기는 감정을 느껴 보고, 들어보고, 사물을 보려고 애쓴다. 나는 배우자의 유익에 관심을 둔다.
5   4   3   2   1

② 존경 : 나는 배우자의 좋은 성품을 존중하고, 그(그녀)만이 독특하게 지닌 점을 유지할 수 있도록 돕는다.
5   4   3   2   1

③ 용납 : 나는 배우자의 오류나 실책에도 불구하고 그(그녀)의 긍정적인 장점이 우리의 관계를 개선시킬 수 있도록 노력한다.
5   4   3   2   1

④ 신뢰 : 나는 배우자에게 충실하고, 신뢰할 만하게, 정직하고 책임감있게 행동하며, 속이거나 비난하지 않는다.

　　5　　4　　3　　2　　1

⑤ 마음을 터 놓음 : 나는 배우자 앞에서 행동이 자연스럽고, 부담없이 마음을 열어 놓고, 내 마음이 원하는 바를 나누고, 그 (그녀)와 함께 있기를 바란다.

　　5　　4　　3　　2　　1

4. 부부관계의 성장과 갈등 해결

(1) 부부 갈등의 요인

부부 갈등은 문제 있는 부부에게만 나타나는 현상은 아니다. 어떻게 보면 갈등은 인간관계의 발전관계에서 나타나는 정상적이고 자연스러운 현상이다. 문제는 누구에게나 생길 수 있는데, 이 갈등을 어떻게 해결하느냐에 따라 부부관계는 행복하게도 또는 불행하게도 될 수 있다.

갈등을 건강하게 해결하면 부부관계는 성숙해 지지만 어느 한쪽이 상처받을 때는 막힌 담이 생기게 되고 이것은 부부관계를 돌이킬 수 없게 만든다. 특히 우리 나라는 전통적인 대가족제도가 핵가족화 되면서 가치관 혼돈의 시기를 겪고 있다. 전통사회에서 가족을 이끌어 가던 중심 축이었던 부자관계가 핵가족화 되면서 부부관계로 그 중심 축이 전환되고 있다. 그리하여 자녀 양육이 부부

공동의 책임이거나 아예 아내 중심으로 넘어가는 시기에 있다. 그러다 보니 부부의 지상 최대 과제가 자녀 양육이 우선시 되어져 자연히 부부관계가 소홀하게 되고 이러한 자녀와의 밀착은 부부관계의 갈등 요인이 되고 있다. 한국의 중년기 이상의 부부들은 아직도 전통적인 가족 의식을 가지고 있다. 그래서인지 남편은 도구적 역할로 아내는 가족의 정서적 욕구를 채우는 표현적 역할로 그 역할 의식이 구분되어 있다. 이러한 권위 중심의 전통적인 부부관계에서는 부부의 애정적인 욕구가 잘 채워지지 않아서 갈등이 일어날 수 있다.

(2) 부부 갈등의 유형

1) 지배(순종관계의 부부)

한국의 40대 이상의 남편들이 선호하는 부부유형이다. 이러한 주종관계를 기초로 한 부부관계는 대체적으로 아내들이 자신의 자아 정체감을 남편과 동일시하는 공생 단계에 머무르게 한다. 반대로 아내가 남편을 지배하는 경우도 제법 발견되는데 성장 과정에서 지배적인 어머니의 영향을 받은 경우와 맏딸, 맞벌이 부부 등에서 많이 나타난다.

2) 정서적으로 냉정한 배우자

한국의 중년기 이후의 남성들은 대체적으로 부부유별 의식이 자리잡고 있기 때문에 남편들이 정서적으로 냉정한 경우가 많다. 이

런 남편들은 자신의 기본적인 도리, 생활비 제공자(provider)로서의 역할만 충분히 해주면 남편으로서의 도리를 다한 것으로 간주한다. 이런 남편을 둔 아내들은 남편에 대한 친밀감을 원하여도 남편이 무의식적으로 저항하거나 거부하기 때문에 심한 갈등 관계 속으로 빠져들게 된다.

3) 경쟁적 배우자

서로가 강한 자존심을 내세우면서 상호간에 약점을 잡히지 않으려고 견제하면서 경계하는 부부다. 대개 서로가 낮은 자존감과 열등감을 가지고 있기 때문에 부부관계에도 승리감을 통해 자존심을 살리려는 심리적 역동을 보여 주는 형태이다. 맞벌이 부부이거나 전문 직업을 가진 부부에게 많이 나타난다. 이러한 유형은 서로가 애정을 갈망하면서도 선뜻 다가서지 못하기 때문에 회의와 갈등 속에서 살게 된다.

4) 의존적 배우자

한국의 경우 남편들이 아내에게 특별히 가사 역할에 대해서 완전히 의존적인 형태를 가지고 있다. 그러나 현대적 감각을 지닌 아내들은 불만이 커지게 된다. 가사의 공유 자체가 애정의 표시로 받아들여지기 때문이다. 이러한 남편들의 태도는 남자, 아들로서 특별대우를 받고 자라면서 가사 분담은 전적으로 여자 몫이라는 행동교육의 결과이다.

반면에 전통적 가치관으로 무장된 아내일수록 자신의 행복도를 이른바 현모양처에서 찾으려 한다. 우리 나라의 경우 60-70대 이상의 여성들이 이러한 유형이 많다. 문제는 현재 중년기인 40-50대의 여성들은 결혼 초기에는 이러한 현모양처론에 길들여 있다가 시대가 변하면서 새로운 가치관을 받아들여 일종의 반기와 반항을 보이는데 이럴 때 남편이나 시 가족과의 갈등이 심각해진다.

(3) 갈등 해결 방법

갈등의 대처 방법도 사람에 따라 다르다. 몸에 밴 우리의 경험이 갈등에 대처하는 형식을 다르게 만든다. 케네스(keneth Thomas)와 오스버게(David Augsberger)에 따르면 갈등에 대처하는 다섯 가지 방법이 있다고 한다.

1) 일단 피하는 방법

이 방법은 일단 갈등에 직면하기 보다 심리적으로 갈등을 회피하고 물러나는 것이다. 문제를 대면하지 않고 덮어둠으로 아무것도 해결할 수 없게 된다. 이런 감정이 누적되면 좌절감과 무력감이 적대감으로 변할 수 있다.

2) 이기고 승리하는 방법

무조건 나의 방식이 옳다고 생각하고 내 방식대로만 관철하여 관계야 어떻게 되든 자신의 욕구만이 중요한 유아독존적 사고 방식의 소유자에게서 볼 수 있는 방법이다. 이런 사람들은 자신의 의사를 관철하기 위해 소리를 지르고 물건을 집어던지고 말을 함부로

내뱉으며 상대방을 구타하고 파괴적인 방법을 사용한다.

3) 순응하고 지는 방법

관계를 보전하기 위해서 무조건 양보하는 방법으로 겉으로는 착한 사람 같고 온유해 보이나 속에 비수를 품고 있는 수가 많다. 이러한 해소 방식은 한쪽은 늘 고자세, 한쪽은 늘 저자세가 되어 불평등의 부부관계를 형성하게 되므로 문제가 발생하게 된다. 이런 부부에게서는 심인성 질환이 많이 나타난다.

4) 협상하고 타협하는 방법

서로가 조금씩 양보하면서 약간 이기고 약간 지는 방법이다. 부부가 서로 다른 가치관이나 욕망을 가진 경우 관계를 유지하는 방법으로 앞의 3가지 방법보다는 나은 방법이나 최선의 갈등 해소법은 아니다.

5) 서로가 목표를 달성하고 이기는 방법

서로의 관계를 손상하지 않으면서 서로의 차이를 알고 존중하는 태도로 문제를 솔직하게 나눌 때 좋은 대안이 나온다. 보복의 심리가 아니라 화해의 심리가 부부 안에 자리잡고 있다면 얼마든지 가능한 갈등 대처 방법이다.

(4) 부부싸움의 원칙

① 비폭력이어야 한다.

② 장외 경기는 금물이다. 반드시 정해진 장소에서만 싸우자.

③ 자녀들 앞에서는 싸우지 말아야 한다.

④ 지구전을 피하라.

⑤ 자기 자신의 잘못을 인정하는 것이 부부관계의 회복에 도움이 된다.

⑥ 배우자를 타인과 비교하거나 다른 가정과 비교하지 말라.

⑦ 상호 인격을 모독하지 말라.

⑧ 승부에 연연하지 말라.

⑨ 같은 제목을 가지고 연속 상영하지 않는다.

⑩ 상대방의 입장에서 이해한다.

♣ 부부싸움에서 피해야 할 사항들

- 상대방을 듣지 않고 자기 말만 하는 것

- 서로에 대해 포기해 버리고 대화 자체를 중단하는 것

- 정직하지 않고 거짓말하는 것

- 마음을 털어놓지 않아 과거의 상처나 현재의 감정으로 지금 놓여진 문제를 놓고 대화하지 않는 것

- 배우자보다 친구나 부모님을 더 의존하는 것

- 성 관계나 잠자는 것을 제외하고 함께 하는 일이나 대화 계획이 없는 부부

- 서로를 의심하고 신경전을 벌이는 부부싸움

- 성 관계 거절, 잠, TV, 취미생활, 외부 모임, 일, 침묵 등으로 서로를 피함
- 사소한 일로 다투며 심한 잔소리를 하는 부부

(5) 부부관계의 성장을 위해 배우자의 욕구 파악하기

1) 정서적 욕구

① 내가 사랑 받고 있음을 느끼고 말로 듣고 싶어한다.

② 내가 배우자의 인생에서 가장 소중하고 중요한 사람이라는 것을 느끼고 듣고 싶어한다.

③ 배우자와 같은 계층에 속해 있다고 느끼고 싶어한다.

④ 한 개인으로서 존중 받고 있다고 느끼고 싶어한다.

⑤ 내가 가족에게 주는 것보다는 가족에게 꼭 필요한 존재라고 느끼고 싶어한다.

⑥ 배우자의 인생에서 내가 가장 우선이라는 느낌을 받고 싶어한다.

⑦ 배우자의 인생에서 내가 누구보다 특별한 사람이라는 느낌을 갖고 싶어한다.

⑧ 내가 자신의 배우자인 것을 배우자가 자랑스러워하고 있다고 느끼고 싶어한다.

⑨ 책임감 있는 배우자로 신뢰받고 있다고 느끼고 싶어한다.

⑩ 배우자가 다시 결혼을 해도 또 나를 선택할 것이라는 확신을 갖고 싶어한다.

⑪ 잘못과 결점을 용서하고 용서받을 수 있다고 느끼고 싶어한다.

⑫ 결점, 잘못된 생각, 모든 것을 받아들일 것이라고 느끼고 싶어한다.

⑬ 그 누구보다도 가깝고 신뢰하는 친구 사이라고 느끼고 싶어한다.

⑭ 바람직한 관계라는 느낌을 갖고 싶어한다.

⑮ 인격과 행동 면에서 인정받고 싶어한다.

⑯ 배우자의 관계에서 열정을 느끼고 싶어한다.

2) 육체적인 욕구

① 접촉하고 애무받고 싶어한다.

② 가끔이라도 키스받고 싶어한다.

③ 꼭 껴안기고 싶어한다.

④ 배우자의 사적인 공간에서 환영받고 있다고 느끼고 싶어한다.

⑤ 우연한 곳에서 부딪쳤을 때 육체적으로 환영받고 싶어한다.

⑥ 세상 사람들 속에서 부부라는 것을 느끼고 싶어한다.

⑦ 몸짓, 표정 등 비언어적 커뮤니케이션에 의해 격려받고 환대받는 느낌을 갖고 싶어한다.

⑧ 다정하게 대해 주길 바란다.

⑨ 만족스럽고 보람있는 성생활을 누리고 싶어한다.

3) 정신적 욕구

① 나의 정신적 가치가 편견없이 지지받고 있다고 느끼고 싶어한다.

② 나의 정신적 욕구가 존중받고 있다는 느낌을 갖고 싶어한다.

③ 우리가 체험하는 정신적 생활이 서로 달라도 그것을 공유하고 싶어한다.

④ 개인적 신념과 차이점이 공유되지는 못해도 존중받고 있다고 알고

느끼고 싶어한다.

4) 사회적 욕구

① 떨어져 있을 때도 전화와 감사로 기억해 주길 바란다.

② 배우자가 하는 활동에 나를 넣어서 스케줄을 짤 것이라고 믿고 싶어한다.

③ 사교 활동을 같이 하고 싶어한다.

④ 사람들 앞에서 다정함과 지지를 받고 싶어한다.

⑤ 사람들 앞에서 육체적, 정서적으로 격려받고 지지받고 싶어한다.

⑥ 친교 모임에서 다정스런 말을 듣고 싶어한다.

⑦ 사회생활에서 격려받고 지지받고 싶어한다.

⑧ 사회생활에서 정중하게 대우 받고 배려받고 싶어한다.

⑨ 사회생활에서 재미와 즐거움을 같이 나누고 싶어한다.

⑩ 배우자가 의식적으로 그리고 민감하게 표현하는 관계를 공유하고 싶어한다.

⑪ 함께 즐기고 웃고 싶어한다.

⑫ 복잡하고 바쁜 사회생활에서 배우자의 생활과 의식에서 내가 가장 중요한 사람이라는 것을 느끼고 싶어한다.

5) 안정감에 대한 욕구

① 힘든 일이 있을 때나 싸웠을 때나 배우자가 항상 곁에 있을 것이라는 것을 확실히 믿고 싶어한다.

② 필요하면 언제든지 달려와 나를 도와 줄 것이라고 믿고 싶어한다.

③ 둘 사이의 정서적인 면에 신경을 쓰고 있다고 알고 싶어한다.

④ 배우자의 지지를 받고 싶어한다.

⑤ 배우자가 성실하고 책임감이 강하다고 믿고 싶은 욕구

⑥ 어떤 의견차나 갈등에도 절대 둘 사이가 위기에 처하거나 불안해지지 않을 것으로 확신하고 싶어한다.

⑦ 배우자가 끝까지 책임을 다할 것이라고 확신하고 싶어한다.

⑧ 내가 다른 사람과 갈등을 겪거나 문제가 있을 때 배우자가 나를 위해 그 자리에 있어 줄 것이라고 믿고 싶어한다.

⑨ 배우자는 내가 편안히 쉴 수 있는 안식처라는 것을 확인하고 싶어한다.

♣ 행복한 결혼생활을 유지하는 10가지 특징

- 자신의 결혼에 대해 평생 헌신한다.
- 배우자에게 충성하고 서로 신뢰하되 특히 어려울 때 더욱 그렇게 한다.
- 부부가 강한 도덕적 가치관을 공유한다.
- 자기 배우자를 가장 좋은 친구로 존경한다.
- 성적인 정절을 지킨다.
- 훌륭한 배우자가 되겠다는 소원을 가지고 있다.
- 자녀들에게 물려주고 싶은 신앙을 가지고 있으며 종교적으로 깊이 헌신하고 있다.
- 배우자를 기쁘게 해주며 후원하고 싶어한다.
- 배우자에게 좋은 동반자가 되려고 노력한다.
- 기꺼이 용서할 뿐 아니라 기꺼이 용서 받으려고 한다.

5. 말씀의 적용과 삶의 나눔

(1) 부부관계를 비롯하여 인간관계의 갈등은 어디에서부터 오는
가?

① 약 4:1-3

(2) 배우자의 분노나 폭언에 대처하는 방법은 무엇인가?

① 마 5:43-44

② 잠 16:32

③ 롬 12:19, 21

④ 엡 4:26

⑤ 벧전 3:9

(3) 화가 났을 때 해서는 안 되는 일은?

① 엡 4:26-27

② 마 5:21-22

③ 골 3:8

(4) 갈등의 해결 방법은 무엇인가?

① 잠 18:13

② 약 1:19

③ 잠 15:23

④ 시 37:7-8

(5) 부부가 기도 제목 5가지를 만들고 함께 기도한다.

①

②

③

④

⑤

(6) 나눔

① 중년기에 겪게 되는 위기감을 서로 나눈다.

② 나보다 배우자가 먼저 죽었거나 내가 먼저 죽었다고 생각하

고 써온 편지를 배우자와 교환해서 보거나 읽어준다. 그후에 자원하는 부부가 그룹에서 발표하게 한다.

♠다음 주 과제

- 자신의 가족에게 편지를 써 온다.
- 우리 부부의 부부싸움과 화해하는 방법을 A4 1-2장에 적어 온다.

6. 마침 기도

사랑의 하나님 아버지, 괴로울 때 달려가 매달릴 수 있는 삶의 보호자가 되어 주시니 감사합니다. 약하고 무력하다고 느낄 때 기댈 수 있는 의지처가 되어 주시니 감사합니다.

해결하기 힘든 문제로 허우적거릴 때 힘이 되어 주심에 감사합니다. 삶이 혼란스럽고 갈피를 잡지 못할 때 분별할 수 있는 지혜를 주심에 감사합니다.

결혼생활을 훌륭하고 성공적으로 발전시킬 수 있도록 힘을 주심에 감사합니다.

때로 어렵고 힘든 상황이 올지라도 갈등과 오해로 관계에 어려움이 올 때 저희와 함께 하시어 결혼생활을 주님이 원하시는 방향으로 성숙하게 발전해 가도록 우리를 도와 주시옵소서.

6 성숙한 부모, 행복한 자녀 : 중년기의 부모 역할

1. 공동 식사 및 친교

2. 찬 양

3. 워크샵

(1) 가족 건강도 측정하기

( ) 안에 해당하는 번호를 기입하시오.

1 : 거의, 전혀
2 : 드물게
3 : 때때로
4 : 자주
5 : 거의 항상

① 우리 가족은 서로 매우 친밀하다. ( )

② 우리 가정에서는 자녀의 제안이 반영된다. ( )

③ 우리 가족들은 가족 내 다른 가족 구성원보다 가족이 아닌

다른 사람에게 더 친밀감을 느낀다. (   )

④ 우리 가정에서는 부모의 훈육이 공평하다. (   )

⑤ 우리 가족들은 집에서 마주치는 것을 싫어한다. (   )

⑥ 우리 가정의 자녀들은 부모의 훈육에 발언권을 가지고 있다.
(   )

⑦ 우리 가족들은 자신이 결정을 요하는 경우가 있을 때 다른
가족 구성원의 충고를 구한다. (   )

⑧ 우리 가족들은 자신이 원하는 것을 이야기한다. (   )

⑨ 우리 가족들은 서로의 친한 친구를 알고 있다. (   )

⑩ 우리 가정에서는 어떤 한 사람만이 지도자 역할을 한다.
(   )

⑪ 우리 가족들은 어려울 때 서로 도와 준다. (   )

⑫ 우리 가정에서는 규율을 변화시키기 어렵다. (   )

⑬ 우리 가족들은 함께 해야할 활동에는 가족 전원이 참석한다.
(   )

⑭ 우리 가정에서는 모든 가족이 자신의 의견을 발표하기가 편
하다. (   )

⑮ 우리 가족은 한 가족이 함께 할 수 있는 취미나 관심사를 쉽
게 찾을 수 있다. (   )

⑯ 우리 가정에서는 일단 과제가 주어지면 변화시키기가 불가능

하다. (　　)

⑰ 우리 가족들은 매일 한 번 이상은 함께 식사를 한다. (　　)

⑱ 우리 가족들은 가족 문제에 관하여 서로 상의하지 않는다.
(　　)

⑲ 우리 가정에서는 모든 가족이 자기 생각대로 행동한다.
(　　)

⑳ 우리 가정에서는 각자가 해야할 일들이 확실하게 정해져 있
다. (　　)

(2) 점검 내용

1) 왕따 아버지 진단 체크 리스트

그렇다(1점) 아니다(0점)

14점 이상 – 왕따 아버지
6-13점 – 왕따 주의보
5점 이하 – 최고 아버지

	점 검 내 용	그렇다(1점)	아니다(0점)
1	휴일에 여섯 시간 이상 T·V를 보거나 잠을 잔다.		
2	휴일에 집안에서 하루 종일 혼자 있을 때가 종종 있다.		
3	혼자 취미생활을 즐긴다든지 여행을 떠나 내가 오히려 가족들을 왕따시킨다.		
4	일주일 중 집에서 혼자 저녁 먹는 일이 5회 이상이다.		
5	나의 고향, 취미생활, 나이 등 자녀들이 나에 관해 잘 모른다.		
6	자녀들과 외출해 본 것이 1년 전 일이다.		
7	"어렵겠죠?"라며 자녀가 먼저 내게 부탁하는 일을 포기한다.		
8	T·V에서 인기리에 방영되고 있는 '탑 블레이드'가 무엇인지 모른다.		
9	T·V방송 '개그콘서트' 내용 중에 아는 게 없다.		
10	자녀들이 들려 주는 유머는 하나도 재미없다.		
11	자녀들이 나보다는 아내에게 부탁하는 일이 많다.		
12	자녀들이 "아빠는 잘 모르지?"라는 말을 더 자주 한다.		
13	자녀가 몇 학년 몇 반인지 모른다.		
14	자녀가 좋아하는 아이스크림이나 과자가 무엇인지 하나도 모른다.		
15	자녀와 가장 친한 친구가 누구인지 모른다.		
16	아이들과 10분 이상 대화를 하지 못한다.		
17	자녀가 방학인 것도 모르고 "얘, 학교 안 가니?"라고 아내에게 매번 물어본다.		
18	자녀들이 집 밖에서 전화를 하면 다짜고짜 "엄마 바꿔 주세요."라고 말한다.		
19	무엇보다 중요한 건 바로 내가 '왕따 아버지'라는 사실을 모르고 있다는 것이다.		

(3) 나는 좋은 부모인가?

① 나의 어린 시절을 기준으로 내 생각을 자녀에게 일방적으로 강요하고 있지는 않는가?

② 자녀의 등교시간이나 식사시간을 잔소리하는 시간으로 쓰고 있지는 않은가?

③ 나의 잘못을 인정하기 싫어서 자녀를 핑계삼은 적은 없는가?

④ 이미 저지른 잘못에 대해 자녀가 깨달았음에도 불구하고 두고두고 되풀이해 야단친 적은 없는가?

⑤ 자녀에게 잘 대하고 못 대하는 것이 내 기분에 의해 좌우된 적은 없는가?

⑥ 자녀가 힘들어 할 때 잘잘못을 따지지 않고 조용히 격려해 주는가?

⑦ 자녀와 가장 친한 친구는 누구인지, 자녀가 좋아하는 사람은 누구인지 알고 있는가?

⑧ 자녀가 무엇을 잘하고 무엇이 되고 싶어하는지를 알고 있는가?

⑨ 자녀가 이룬 것이 아무리 사소할지라도 진심으로 기뻐하고 칭찬해주는가?

⑩ 자녀와 함께 즐겁게 노는 시간을 갖고 있는가?

4. 가족 구조와 가족의 성장

(1) 가족의 성장 구조

성장 구조적인 가족 내에서는 개인의 욕구와 가족의 욕구사이에 갈등이 존재한다는 사실을 가족 구성원들이 인정한다. 가족 구성원들은 이러한 문제들을 살아가는 과정에서 일어나는 문제들로 직면하며 또 고정된 행동 방식이나 전례에 따르지 않고도 각각의 사건을 새롭게 다루어 나간다. 가족이 성장 구조 상태에 있을 때 내부적으로나 외부적으로 강요된 행동에 의해 상호 작용을 하거나 결정을 내리지 아니하며 그 대신 가족이 당면한 문제와 가족들의 감정을 고려하면서 상호 작용의 과정에 참여하여 결정을 내리게 된다.

의견 불일치와 절충안이 예견되면서 각 개인의 의견이 수용된다. 상황에 맞는 결정이 내려질 수 있기 위해서는 행동과 태도에 융통성이 있어야 한다. 성장 구조에 있는 가족은 그 결과가 무엇인가에 의해 판단되는 것이 아니라 어떤 과정에 의해 성취되었는가에 의해서 판단되어진다.

1) 가족의 욕구 체계

① 생존의 욕구

가족은 함께 생존하려는 욕구를 가지고 있다. 의, 식, 주에 대한 욕구와 완전한 체계로써 존속하고 정서적으로 안정되기를 바라는 동시에 가족 구성원들이 그들의 개인화 과정을 지속하면서 안정감을 느낄 수 있기를 바란다.

② 소속의 욕구

가족은 함께 소속되어 있다는 기본적인 감정, 즉 가족 내에 각 개인이 각자의 위치를 갖고 있다는 감정과 관련된 소속의 욕구를 가지고 있다. 가족 구성원은 서로 사랑 받고 있다는 감정과 다른 구성원에게 사랑을 주고 있다는 감정을 느끼기를 원한다.

③ 존중의 욕구

가족은 가족 자체에 대한 존경심을 필요로 한다. 가족 구성원들은 그들의 공존, 공동의 목적과 목표를 존중하여야 한다. 가족은 가족의 노력과 기쁨을 가치 있게 평가하여야 한다. 상호 작용이 각자의 생활과 가족 생활에서 이해되고 존중되고 의미가 있기를 희망한다.

④ 실현의 욕구

가족 구성원들은 개인의 성장과 다른 구성원의 성장을 증진시키려는 욕구를 가지고 있다. 개인이 독자적으로 성취할 수 없는 욕구들을 위하여 지식과 기술, 정서, 직관, 개성을 공동 투자하여 가족의 강화된 자존심과 가족 실현의 욕구를 충족하려 기대한다.

♠ 가족 실현 정도는 가족 구성원들이 자신의 성장과 발달, 그리고 가족 체계가 성장의 어느 단계에 있는지에 의해 결정된다.

가족의 실현은 가족 구성원들이 자아와 가족, 욕구간의 갈등을 조정하고자 하며 각자의 에너지를 자신 및 가족 전체의 발달을 위해 기꺼이 투자하는 그러한 가족만이 실현을 경험할 수 있다.

(2) 가족 조직과 체계의 이해

단계	주요 과제	개시 사건
결혼 전	본래 가정으로부터의 분화	약혼
결혼	결혼 역할에 적응(새 세대의 구성)	결혼
삼인 가족	가족 내 새로 생긴 아이에게 적응	출생
완성 가족	새로운 가족 구성원에게 적응	막내의 출생
청소년이 있는 가정	가정 조직에서의 융통성 증가	가정으로부터의 자녀 독립
떠나 보냄	가족 구성원의 이탈 적응	자녀들의 직업 및 배우자 선택
떠나 보낸 후	외로움과 노령화 과정의 적응	막내가 집을 떠남

가족 체계 이론에서 보면 아이들이 있는 가정은 적어도 2개의 하부 조직이 있다. 어머니와 아버지로 이루어진 부모 하부 조직과 자녀들로 구성된 자녀 하부 조직이다. 가족 체계는 자녀의 성장에 따라 변해야 한다. 가정은 정적이지 않고 역동적이기 때문이다. 가족 구성원들이 어떤 나이가 되면 반드시 수행해야 하는 발달 과제가 있는데 이 과제들을 완수하지 못하면 다음 단계로의 준비를 제대로 갖추지 못한 셈이 된다.

(3) 청소년기의 부모 역할

가정의 가장 큰 갈등은 자녀가 청소년기에 있을 때 일어날 가능성이 크다. 이 시기에는 부모와 자녀 양쪽 모두 스트레스를 경험하게 된다. 자녀는 청소년기라는 어려운 시기에 이르게 되고 부모는

중년기에 들어서게 되기 때문이다.

성인 발달에 관한 최근의 연구에 의하면 중년기에 이르렀다는 것은 위기의 시기에 이르렀다는 것을 의미한다. 현재 중년기에 이른 한국의 부모들은 바쁘게 사느라고 자녀와 함께 보낸 시간이 거의 없이 자녀가 성장해 버려 이제껏 실제적 영향을 끼치지 못했음을 아쉬워한다.

청소년기의 자녀들은 자신의 정체성, 독립심을 발휘하려 하고 부모는 자신들도 정체성의 위기를 경험하고 있어 자녀의 반항을 다룰 수 있을 만큼 심리적으로 준비되어 있지 못하다.

1) 청소년기의 반항 요인들

• 부모의 불행 – 부모의 결혼이 불행하다고 인식되면 자녀는 권위의 근원인 부모에게 저항한다. 청소년의 반항은 행복한 가정보다 불행한 가정에서 많이 일어난다. 부모가 자녀에게 만족한 모델을 제시하지 못할 때 부모에게 도전적 자세를 가지며 자신의 태도를 정당화 시킨다. 불행한 부모로부터 자신을 분리시키려는 방법으로 반항을 택한다.

• 현명하지 못한 자녀 양육 – 청소년기의 반항은 너무 허용적이거나 너무 엄격한 가정들에서 많이 나타난다. 이 시기의 청소년들은 부모와의 관계에서 '분화'(differentiation)가 이루어지는 시기이다. 청소년들은 스스로의 인격을 갖추며 부모의 태도나 신념과 가치관을 버리거나 취해야 하는 심리적 과제를 안고 있다. 부모의 엄격함은 자녀들을 혼란스럽게 만들며 공격성을 띠게 된다. 때로

는 정상적인 사회를 향해서도 공격적이 된다. 반면에 지나치게 허용적인 부모들은 자녀에게 혼란스러운 상황을 만들어 준다.

• 부모 권위의 불균형 – 전통적인 가정에서는 아버지가 가정의 머리였다. 그러나 현대에는 권위가 누구에게 있는지 불분명한 시대에 살고 있다. 부모의 권위가 극단적으로 불균형할 때 자녀들에게 혼란을 가져다준다. 청소년의 반항 빈도는 부모 중 한쪽이 지배적일 때 매우 높게 나타나며 부모가 권위를 공유하는 가정에서는 낮게 나타난다.

• 적절한 응집력의 결핍 – 응집력이란 가족 구성원들 사이의 친근감의 정도나 사회적 심리적 관계를 말하는 것으로 응집력이 낮은 가정은 이탈되었다(disengaged)고 하며 응집력이 높은 가정은 그물화 되었다(enmeshed)라고 말한다.

이상적 가정은 중간 정도의 응집력을 가지며 이러한 가정은 십대들의 분화 과정을 통과하기에 적절하다. 분화는 인간의 일생 전체에 걸쳐 일어난다.

그러나 가장 주요한 시기는 십대이다. 이탈된 가정(disengaged)의 청소년들은 스스로 분리된 정체성을 확립하기 위해 절실히 요구되는 부모와의 깊은 결속력을 갖지 못한다.

자신의 구조를 세울 만한 기초나 기준이 없어서 반항하게 된다.

반면 그물화된 가정에서는 부모 자녀간의 결속력이 영구 접착제와 같아서 자아나 자기 외식이 가정과 너무 밀접하게 맺어져 있기 때문에 정체성 확립에 어려움을 겪게 되고 그 분화의 방법으로 반항하게 된다는 것이다.

부모의 곁을 떠나지 않고는 배우자와의 진정한 결합도 새롭고 독

립된 가정의 건설도 있을 수 없다.

(4) 기독교적 자녀 양육 - 성숙에 이르게 하는 힘의 부여

① 말하기

자녀가 너무 어려서 스스로 일을 할 수 없을 때에는 자녀가 해야 할 것들을 말하는 것으로 일방적인 대화가 필요하다. 분명한 방향을 제시하고 감독해야 하며, 자녀가 수행해야 할 과제를 분명하게 규정한다. 자녀가 언제 어디서 무엇을 어떻게 해야 하는가 하는 것을 구체적으로 말해준다. 감성적 지지는 미미하다.

② 가르치기

나이가 중간인 자녀에게 가르치기는 일방적인 대화가 아닌 쌍방대화가 가능하다는 점에서 말하기와 다르다. 아이들이 질문하고 대화나 토의를 통해 배울 수 있게 된다. 시간이 지남에 따라 스스로 대답을 발견하도록 직접 지시하는 횟수를 줄이고 과제와 관련하여 사회적 지지를 늘려 나간다.

③ 참여하기(player-coaches)

부모는 자녀와 함께 직접적으로 활동에 참여하는 실전 코치 (player-coaches)가 되어 자녀에게 지시는 하지만 적절한 행동을 가르치고 본을 보인다. 이러한 방법은 전형적인 10대 수준에 유익하다. 십대 초반의 아이들은 특정한 과제 수행이나 꽤 주요한 책임을 이행할 능력이 있다. 자녀 스스로가 일을 처리할 수 있도록 돕는다. 자녀가 스스로를 형성하도록 도우며 시행 착오를 통해 배울 수 있게 하며 필요할 때는 지지와 위로를 보낸다.

④ 맡겨두기(delegating)

스스로의 과제를 책임지고 행할 능력이 있을 뿐 아니라 기꺼이 행하려는 고도로 성숙된 자녀에게 적합하다. 부모의 입장에서 볼 때 자녀로부터 기꺼이 배우고 또 힘을 부여받는 것은 부모의 성숙을 나타내는 것으로 부모와 자녀간의 성숙한 관계를 말해 준다. 자녀를 풀어주고(let go) 점점 적절한 단계에서 더 많은 자유를 주는 부모는 자녀에 대한 존중과 믿음을 보여 주고 있는 것이며 이것이 힘의 부여이다. 자녀를 풀어주는 것이 진정한 축복으로 이루어지고 거리낌이나 조건이 없는 사랑으로 이루어질 때 상호 존중이라는 성인관계의 시작으로 섬김을 통해 진정한 친구가 된다.

(5) 부모의 영향력

사람 만들기의 저자 버지니아셔티어(V. Satir)는 가정을 '사람 만드는 공장'이라고 비유했다. 이 말은 가족 각자가 주어진 위치에서 맡은 기능과 역할을 잘 해내는 순기능적 가정에서는 자존심이 높고 건강한 아이가 성장하지만 기능과 역할이 온전치 못한 역기능 가정에서는 문제아가 나온다는 것이다.

우리 나라의 1998년도 이혼율은 30%를 넘어서고 있으며 이에 따른 자녀들의 문제도 심각한 것으로 보고하고 있다.

최근 YMCA의 청소년 자살 실태와 관련된 조사에서 10명 중 7명은 자살 충동을 느낀 적이 있고, 10명에 1명 꼴은 실제 자해한 경험이 있는 것으로 나타났다.

그 중에 60%가 학업 성적에 관한 고민에서 출발하였다. 중년기의 부모들은 대부분 청소년기의 자녀를 두고 있다. 자녀의 성장에 미치는 아버지의 영향력에 대한 연구 조사에 의하면 아버지가 자녀 양육에 적극적으로 참여하는 경우 자녀의 학업 성취가 높았으며 타인에게 더 관대하고 책임감이 높으며 사회성이 높다고 한다.

한국사회연구원의 조사 결과는 아내의 결혼생활 만족도는 남편이 자녀 양육에 참여할 때에 높았으며 아버지 자신이 부모로서의 발견은 어머니가 자녀에게 미치는 모든 가치와 태도, 그리고 행동에 영향을 준다고 한다. 또한 자녀의 행복도는 부부의 행복도에 비례한다고 한다.

(6) 아버지의 영향력

아버지는 자신의 삶의 철학과 가치관, 도덕과 윤리, 삶의 방법 등의 실질적인 생활 방법으로 자존감과 자의식을 길러줄 수 있다. 세워 놓는 규율이나 법보다 자녀의 인격을 사랑하고 중요시하는 사랑, 평상시 자녀와의 대화를 통해 자녀의 도덕과 윤리의 표본이 되어 인도하는 것, 자녀가 자신의 삶을 온전히 살도록 자녀에게 능력을 부여하는 것 등으로 영향력을 행사할 수 있다. 자녀를 위해 아버지는 일주일에 한 번 한 시간이라도 정해 놓고 자녀와 데이트하는 시간을 가지며 자녀와의 관계를 열어 놓는다.

① 자녀의 원천이 되는 것

신약성경은 누가 누구를 낳았다는 이름과 족보를 열거하면서 시작한다. 창세 때부터 하나님께서는 가정이라는 삶의 공동체를 통해서 하나님의 창조 사역을 위임하셨다. 오늘날의 아버지들에게 있어 가장 위험한 것은 사회생활의 압박감 때문에 자신이 자녀에게 얼마나 중요한 존재이며 영향력을 행사하며 성장하도록 도와줄 권세가 있다는 것을 잊어버리는 것이다.

② 자녀의 자부심이 되는 것

잠언 17장 6절에 "손자는 노인의 면류관이요 아비는 자식의 영화니라."라는 말씀은 아버지를 생각할 때마다 자녀의 마음이 자랑스럽고 뿌듯하다는 것을 의미한다. 자녀에게 아버지는 자부심이며 자존감이며 신뢰감으로, 아버지와의 관계는 하나님과의 관계 형성에도 절대적인 영향을 끼친다. 아버지에 대해 자부심이 있는 자녀는 성장하며 어려움이 닥쳐도 절망하거나 방황하지 않으며 흔들리지 않는다.

③ 자녀에게 방향을 제시하고 보여줌

잘못된 것을 가르쳐 줄 때 옳은 것을 지적하는 것은 부모의 삶을 통해 경험시켜 주어야 한다. 부모가 어떻게 말하느냐 하는 것보다 부모가 어떻게 행동하느냐 하는 것은 자녀 일생의 행동을 좌우하게 된다. 사도 바울은 자신의 영적 자녀들에게 나를 본받으라 라고 말했다. 이렇게 말할 수 있는 것이 자녀의 삶을 방향 잡아 주는 것이다.

④ 자녀에게 미래의 보장이 되는 것

"선인은 그 산업을 자자 손손에게 끼쳐도 죄인의 재물은 의인을 위하여 쌓이느니라(잠 13:22)."

완전히 행하는 자는 그 후손에게 복이 있느니라는 성경 말씀은 참 어려운 말이다. 우리가 어떻게 완전해 질 수 있단 말인가? 단지 한가지 방법이 있다면 예수를 믿고 의인이 되어 주 안에서 완전히 행한다는 인정을 받는 것뿐이다. 우리가 비록 현실에서의 모습이 완전치 못할지라도 신앙과 믿음 안에서 의로운 아버지가 자녀에게 미래의 보증이 되어 주는 것이다. 자녀의 미래의 보증은 재물이나 학력이나 권력이 아니라 하나님 보시기에 의로운 자가 되는 것이다.

(7) 자녀가 필요로 하는 것

① 안정감

자녀는 부모의 관심과 옳고 그름의 울타리를 필요로 한다. 아버지의 생각이 어떠한지에 대한 정확한 의사를 전달하여 명확한 행동 지침을 알려 주어야 한다.

② 수용감

자녀의 모습 그대로를 수용해 주어야 한다. 이러한 경험은 건강한 자아상 형성에 매우 중요하다.

③ 중요감

자녀가 부모에게 없어서는 안될 중요한 존재라는 것을 매순간 확인시켜 준다.

④ 사 랑

자녀들은 사랑을 먹고 자란다. 또한 부모는 사랑해야 할 대상을 허락하고 그들의 필요를 채워 주어야 한다.

⑤ 칭 찬

자녀들은 하루에 한 번씩이라도 꼭 칭찬해 주는 것이 필요하다. 잘한 것만 아니라 작은 것이라도 칭찬하는 것은 자녀에게 자부심을 느끼게 해 준다. 부모의 칭찬은 자녀의 긍정적 자아상을 형성하게 한다.

⑥ 훈 육

자녀의 올바른 성장을 위해 사랑과 칭찬 못지 않게 필요한 것은 훈육이다. 부모의 일관성 있는 행동 규범은 자녀의 성장에 필수 조건이다.

⑦ 신앙

어려서부터 하나님을 아는 것은 엄청난 영향력을 발휘한다. 신앙은 다른 모든 성장의 기초가 된다.

(8) 좋은 아빠가 될 수 있는 방법

① 함께 여행하는 아버지가 되자.

자녀와 좋은 관계를 만들자면 좋은 추억이 있어야 한다.

특히 자녀와 갈등이 있을 때는 여행, 등산, 요리, 운동 등을 같이 하면서 서로를 돌이켜 볼 수 있는 기회를 만든다.

② 칭찬해 주는 아버지가 되자.

자녀의 단점보다는 장점을 보자. 장점을 인정해주고 격려해 준다면 단점은 언젠가는 없어질 것이다.

③ 가정의 따뜻함을 느끼게 하자.

자녀 뿐만 아니라 가족 구성원 모두가 하루를 힘들게 보내고 돌아오거나 외출해서 돌아올 때 반갑게 맞는다. 인사만 받는 아버지가 되지 말자.

④ 자녀와 함께 서점에 가 보자.

자녀와 손잡고 서점에 가 본다. 자녀가 어떤 책을 좋아하는지, 어떤 성향인지 알아볼 수 있다.

⑤ 자녀의 학교에 가 보자.

한 학기에 한 번이라도 자녀가 공부하는 교실을 찾아가 선생님과 자녀에 대한 대화를 나누어 보자.

⑥ 가족에게 편지를 써 보자.

가끔씩 자녀들에게 사랑의 편지를 써 보자. 백마디 말보다 한 줄의 글이 효과적일 때가 있다.

⑦ 부모님의 고향을 함께 찾아 보자.

효와 도덕은 지금까지 우리 사회를 지켜 준 덕목이다. 자녀의 손을 잡고 멀리 계신 부모님을 찾아 뵙고 고향도 찾아가 보자.

⑧ 일주일 중 하루는 가족의 날로 정하자.

일주일에 한 번은 자녀들과 저녁식사를 포함한 시간을 갖는다. 자녀에 대한 이해의 폭을 넓히는 동시에 아버지를 이해시킬 수 있는 기회가 될 수 있다.

⑨ 아버지는 자녀가 성숙한 사람으로 자라는데 조력자임을 명심하자.

가능하면 간섭하지 말자. 작은 결정이라도 스스로 내리게 하고 결정한 이후에는 믿어 주자.

⑩ 아버지도 감정을 지닌 인간임을 보여 주자.

아버지는 강해야 한다는 강박 관념에 매이지 말자. 아버지도 슬플 때 울고 기쁠 때 웃을 수 있는 인간임을 보여 주자.

⑪ 교통 신호를 지키는 아버지가 되자.

교통 신호를 어기는 아버지, 불의와 타협하는 아버지의 모습을 보이기 보다는 조그마한 것이라도 원칙과 질서를 지키는 아버지의 모습을 보여 주자.

⑫ 약속을 지키는 아버지가 되자.

아버지 스스로 약속을 지키는 사람이 된다면 우리 자녀들은 저절로 약속이 지켜지는 사회에서 살게 된다. 부모의 태도에 따라 자녀의 성격이 달라진다.

⑬ 무관심한 부모는 자녀를 내성적인 성격으로 만든다.

자녀들은 모두 부모로부터 사랑받길 원한다. 부모가 자기에게 아무런 관심을 보이지 않으면 실망감을 느끼고 애정 결핍을 느끼게 된다.

부모와 충분한 교류를 하지 못할 경우 지적, 신체적 발달이 늦어지고 내성적인 성격이 될 수 있다.

⑭ 엄격한 부모는 자녀를 수동적으로 만든다.

엄격하고 까다로운 부모는 자녀를 수동적으로 만든다.

특히 어릴수록 부모와의 친밀감이 중요한데 모든 일에 "안돼." "하지 마." 하는 식의 금지와 명령을 자주 듣게 되면 자녀가 주눅이 들게 된다. 이러한 것이 계속되면 자녀들은 점점 더 움츠러들고 수동적이 되어서 자기의 의견을 제대로 표현하지 못하는 아이가 될 수 있다.

⑮ 권위주의적인 부모는 자녀를 욕구 불만으로 만든다.

지나치게 권위주의적인 부모 밑에서 자란 자녀는 항상 두려움과 불안 속에서 살며 욕구 불만에 쌓여 있는 경우가 많다.

특히 아버지가 엄하고 무서운 경우, 아이는 아버지 앞에서는 주눅이 들고 자신감을 잃기 쉬운 반면 엄마에게는 무조건 의지하려는 경향을 보인다.

특히 아버지는 권위주의적인 존재이므로 주로 혼내는 역할을 맡고 엄마는 아이를 품어 주는 역할을 맡는 식으로 역할 구분이 이루어지는 아이는 아버지에 대해 부정적인 이미지를 안고 성장하게 된다.

⑯ 응석을 받아 주는 부모는 이기적인 자녀를 만든다.

엄격한 것과 반대로 부모가 지나치게 응석을 받아 주는 경우, 자녀는 좌절을 견디고 극복해 내는 인내심이 부족하고 정서적으로 미숙해 사회성이 떨어지게 된다.

또한 의존적인 성격과 자기 중심적인 성격을 강하게 나타낸다.

⑰ 과보호형의 부모는 자녀를 소심하게 만든다.

자녀 스스로 할 수 있도록 내버려 두지 못하고 무엇이든지 부모가 대신 해주거나 지나치게 내 자녀만 감싸고 돌면 자녀는 나약해지고 의존적인 성격이 될 수밖에 없다.

⑱ 신경질적인 부모는 자녀를 거친 성격의 자녀로 만든다.

사소한 일에도 신경질을 잘내는 부모는 아이를 주눅들게 하고 불안하게 만든다.

특히 신경질적인 부모는 논리적이거나 일관성이 없이 그때 그때 자신의 기분에 따라 감정적인 태도를 보이기 때문에 자녀는 자기 잘못과는 상관없이 공포와 분노를 느끼게 된다.

이런 과정이 반복되면 자녀도 신경질적인 성격으로 변하게 되며 말과 행동이 거칠고 누군가에게 분풀이를 하는 문제아로 자라기 쉽다.

5. 서로 생각 나누기

• 나는 누구에게 영향을 받았나?

우리 인생의 각 단계(유년기, 청소년기, 청년기, 장년기)에서 자신에게 가장 많은 영향을 끼친 사람은 누구인가 생각해 보고 정리

해서 발표해 본다.

구체적인 방법을 제시하면 종이를 나누어 주고 꽃잎이 4개 정도 있는 꽃을 크게 그린다.

꽃잎 하나 하나에 각 발달 단계별로 나에게 영향을 끼친 사람을 구체적으로 쓴다.

6명 정도씩 그룹을 지어서 하면 더 효과적이다. 10분 정도 쓸 수 있는 시간을 주고 한 사람당 4-5분 정도의 발표 기회를 준다.

부모가 자녀에게 끼치는 영향력을 통찰하게 한다.

6. 시 감상하기

"만일 내가 다시 아이를 키운다면"

만일 내가 다시 아이를 키운다면

먼저 아이의 자긍심을 세워 주고 집은 나중에 세우리라.

아이와 함께 손가락 그림을 더 많이 그리고

손가락으로 명령하는 일은 덜 하리라.

아이를 바로잡으려고 덜 노력하고

아이와 하나가 되려고 더 많이 노력하리라.

만일 내가 다시 아이를 키운다면

더 많이 아는데 관심을 갖지 않고 더 많이 관심 갖는 법을 배우리라.

자전거도 더 많이 타고 연도 더 많이 날리리라.

들판을 더 많이 뛰어다니고 별들을 더 오래 바라보리라.

더 많이 껴안고 더 적게 다투리라.

도토리 속의 떡갈나무를 더 자주 보리라.

덜 단호하고 더 많이 긍정하리라.

힘을 사랑하는 사람으로 보이지 않고

사랑의 힘을 가진 사람으로 보이리라.

-다이아나 루먼스-

7. 말씀의 적용과 나눔

(1) 자녀 양육에 대한 성경의 기본 원리는 무엇인가?

① 잠 22:6

② 신 20:5

(2) 자녀들이 바른 가르침을 받으려면 부모가 책임을 져야 한다. 그것은 무엇인가?

① 남편이 져야 할 책임 - 엡 6:4

② 아내들이 져야 할 책임 - 딛 2:3-5

(3) 경건한 자녀들은 자라서 말년의 부모에게 어떤 영향을 끼치는가?

① 잠 23:24, 25

② 잠 17:25

(4) 자녀의 미래를 위한 가장 귀한 선물은 무엇인가?

① 시 78:5-8

② 잠 1:8-23

③ 눅 1:13-17

(5) 미래에 자녀들의 가정을 준비시키는 가장 좋은 방법은 무엇
인가?

① 잠 13:20-22

② 잠 24:3-4

③ 눅 6:38

(6) 아버지로서 유의해야 할 점은 무엇인가?

① 과잉 보호자가 되지 말라(마 7:11).

② 물질 공급에 급급한 노예가 되지 말라(눅 12:15).

③ 왜곡된 가치관과 잘못된 자존심의 주인공이 되지 말라(시 1:1).

④ 책임을 회피하는 겁쟁이가 되지 말라(렘 20:9).

8. 우리 가정의 행복찾기

① 남편의 좋은 점 5가지를 적어보기

② 아내의 좋은 점 5가지를 적어보기

③ 자녀의 좋은 점 5가지를 적어보기

④ 남편으로 인해 행복했던 일 적어보기

⑤ 아내로 인해 행복했던 일 적어보기

⑥ 자녀로 인해 행복했던 일 적어보기

⑦ 부모로서 자녀에게 무관심했던 것 적어보기

⑧ 가족들의 마음을 행복하게 해 줄 수 있는 일 적어보기

⑨ 가정과 자녀의 미래에 대한 기도 제목을 2가지 만들고 같이 기
   도한다.

9. 과제 나눔

① 각자 자신의 가족에게 보내는 편지를 자원하는 부부가 발표
한다.
② 건설적인 방법으로 부부싸움하는 방법과 화해하는 방법을 자
원하는 부부가 발표하게 한다.

10. 애찬식

애찬을 나누면서 친교를 한 후 목사님의 축도로 마친다.